westermann

Vahide Akbay, Gundula Hellborg

So einfach funktioniert Deutschland

Teil 2: Leben und Alltag
Arbeitsheft

1. Auflage

Bestellnummer 99823

Die in diesem Werk aufgeführten Internetadressen sind auf dem Stand zum Zeitpunkt der Drucklegung. Die ständige Aktualität der Adressen kann vonseiten des Verlages nicht gewährleistet werden. Darüber hinaus übernimmt der Verlag keine Verantwortung für die Inhalte dieser Seiten.

service@westermann.de
www.westermann.de

Bildungsverlag EINS GmbH
Ettore-Bugatti-Straße 6-14, 51149 Köln

ISBN 978-3-427-**99823**-5

westermann GRUPPE

Vorwort

Zielgruppe

Das Arbeitsheft „So einfach funktioniert Deutschland, Teil 2: Leben und Alltag“ ist gedacht für Probanden, die Deutschland in einem ersten Überblick kennenlernen sollen. Der Text ist einfach formuliert; die dazugehörenden Aufgaben dienen dazu, den Inhalt zu vertiefen. Dieses Heft soll Schülerinnen und Schülern der unterschiedlichen Vorbereitungs- und Förderklassen, sowie Flüchtlingen und Asylbewerbern helfen, sich in Deutschland besser zurechtzufinden. Sie können sich durch die verschiedenen Themen eine Grundlage verschaffen.

Inhalt und Themen

Teil 2 von „So einfach funktioniert Deutschland“ befasst sich mit der Lebens- und Wohnsituation in Deutschland. Es werden Tipps zur Wohnungssuche und Einblicke in Gesellschaft, Kultur und Freizeit gegeben; außerdem sind Bildungswege aufgezeichnet. Es wird über Verkehrs- und Infrastruktur und über Gesundheitsfragen informiert. Weiterhin werden Ansprechpartner in Notsituationen aufgezeigt und welche Hilfen es bei den Ämtern gibt. Rechte und Pflichten, die in Deutschland üblich sind, werden genannt und einige Auszüge aus dem Grundgesetz erklärt.

Der Text ist so gegliedert, dass wichtige Informationen auf der linken Seite des Heftes stehen und die entsprechenden Aufgaben auf der rechten Seite. Die Tabelle am Ende der jeweils linken Seite dient dem besseren Verständnis der einzelnen Wörter. Diese Wörter sind zum schnelleren Auffinden im Text **fett** ausgeführt.

Sprache

Der Text ist in einfacher, verständlicher Sprache verfasst und ist als Basiswissen zu verstehen. Die Tabelle am Ende jeder linken Seite besteht aus den zu erklärenden Wörtern, der Definition und der Übersetzung ins Englische und Arabische.

Teil 1

Der erste Teil der Reihe „So einfach funktioniert Deutschland“ („Politik, Gesellschaft und Wertvorstellungen“) zeigt die geografische Lage Deutschlands und seine umgebenden Länder. Um das Land näher kennenzulernen, werden die einzelnen Bundesländer und Landschaften aufgezeigt. Auch politisch wird Deutschland dargestellt, z. B. durch die staatliche Ordnung, wie die Politik gestaltet ist und wie politische Probleme gelöst werden.

Ein wichtiger Bestandteil stellt auch das gesellschaftliche Leben sowie die Außen- und Innenpolitik dar.

Teil 3

Teil 3 steht unter dem Rahmenthema „Ausbildung und Beruf“.

Es werden die Themen Berufsbildung, Berufseinstieg, Arbeitssuche, Behörden, Ämter, Bürokratie, rechtliche Rahmenbedingungen im Betrieb und Kommunikation ausgeführt.

Inhaltsverzeichnis

Leben und Wohnen

Gesellschaft, Kultur und Freizeit

Bildung

Verkehr und Infrastruktur

Gesundheit

Behörden, Ämter, Notfälle

Rechte und Pflichten

Leben und Wohnen	living and housing	الحياة والسكن
Gesellschaft, Kultur und Freizeit	society, culture and leisure	المجتمع والثقافة ووقت الفراغ
Bildung	education	التعليم
Verkehr und Infrastruktur	transport and infrastructure	المواصلات والبنئة التحتية
Gesundheit	health	الصحة
Behörden, Ämter, Notfälle	authorities, offices, emergencies	المصالح الحكومية والهيئات والطوارىء
Rechte und Pflichten	rights and duties	الحقوق والواجبات

1 Wohnungssuche

Jeder wünscht sich eine eigene Wohnung. Doch die Wohnungssuche ist oft nicht so einfach. Es gibt verschiedene Möglichkeiten eine Wohnung zu finden, z. B. durch das Internet: www.immonet.de; www.immowelt.de; www.immobilienscout24.de; Kleinanzeigen oder ähnliche Begriffe.

Es gibt neben dem Internet aber auch andere Möglichkeiten, sich über den aktuellen Wohnungsmarkt zu informieren, z. B.:

- ⇨ **die Zeitung:** unter der Überschrift **Immobilien**, Wohnungsmarkt, Vermietungen. Hier werden Wohnungen angeboten. Die meisten Anzeigen stehen in der Samstagszeitung. Jeder kann aber auch unter Immobilien, Wohnungsmarkt, Miet**gesuche** selbst ein Wohnungsgesuch in die Zeitung setzen lassen.
- ⇨ **das Wohnungsamt:** Es sucht oder vermittelt ebenfalls Wohnungen.
- ⇨ private Vermieter: Man erfährt von diesen Wohnungen durch Bekannte oder durch einen Aushang in Einkaufsläden.
- ⇨ **Wohnungsbaugenossenschaften:** Die Adressen findet man im Internet. Man ruft bei der Genossenschaft an und wird in eine **Kartei** für Wohnungssuchende eingetragen. Oft sind diese Wohnungen nicht so teuer und schnell zu erhalten.
- ⇨ **Makler:** Die Adressen für Makler findet man im Internet. Man kann den Makler beauftragen, eine Wohnung zu suchen. Der Nachteil ist, dass er für die Vermittlung eine Gebühr verlangt, die sogenannte Provision. Bietet ein Makler ohne einen Auftrag eine Wohnung an, muss man keine Gebühr bezahlen.

Wenn man eine Wohnung mieten will, muss nach der Kaution und den Nebenkosten gefragt werden. Man muss sich auch überlegen, welche Art der Wohnung man haben möchte. Z. B.

- ⇨ wie viele Zimmer die Wohnung haben soll,
- ⇨ auf welcher Etage sie sich befinden soll,
- ⇨ ob man sie alleine bewohnen möchte oder mit der Familie,
- ⇨ ob man in einer WG wohnen möchte,
- ⇨ wo die Wohnung sein soll (Ort, Stadtteil),
- ⇨ ob die Arbeitsstelle gut zu erreichen ist,
- ⇨ ob Schulen und Kindergärten in der Nähe sind (wenn man Kinder hat),
- ⇨ welche Einkaufsmöglichkeiten es in der Nähe gibt oder ob sie gut zu erreichen sind,
- ⇨ ob es Ärzte in der Nähe gibt.

Eine Wohnungsanzeige ist wegen der vielen Abkürzungen schwierig zu lesen. Diese sollten aber trotzdem verwendet werden, da die Kosten für eine Anzeige von der Anzahl der verwendeten Buchstaben abhängig ist.

Es gibt z. B. folgende Abkürzungen:
Zi = Zimmer; WG = Wohngemeinschaft; OG = Obergeschoss; Kü = Küche; Du = Dusche; MM = Monatsmiete; KM = Kaltmiete; kl. = klein; qm (m^2) = Quadratmeter; Whg. = Wohnung; warm = die Heizkosten und manchmal auch das Warmwasser sind enthalten; Kabel = Kabelanschluss; WLAN = drahtlose Internetverbindung; MS = Mietsicherheit; von priv. = von privaten Vermietern; Gas-Ethzg = Gasetagenheizung; NK = Nebenkosten; Tel = Telefonnummer; Wfl = Wohnfläche; EG = Erdgeschoss; DG = Dachgeschoss; NR = Nichtraucher; EBK = Einbauküche

die Immobilie	Häuser, Wohnungen, Grundstücke	property	العقارات
das Gesuch	Gegenteil von Angeboten	request	الالتماس
die Kartei	Sammlung von Daten	file	السجل

1 Wohnungssuche

1. **Wo findet man im Internet Wohnungsanzeigen?**

2. **a) Unter welcher Überschrift sind Wohnungsanzeigen in der Zeitung zu finden?**

   b) An welchem Wochentag stehen die meisten Wohnungsanzeigen in der Zeitung?

3. **Zu wem kann man gehen, wenn man eine Wohnung sucht?**

4. **Überlegen Sie, welche Art von Wohnung Sie gerne haben würden. Nennen Sie fünf Eigenschaften, die Ihre Wohnung haben sollte.**

5. **Schreiben Sie die folgenden Wohnungsanzeigen als ausführlichen Text auf:**
   a) 1 Zi-Whg, Du/WC, 25 m², 1. OG, 270,00 € KM + 50,00 € NK, 3 MM

   b) 1-Zi-Whg, DG, 2. OG, kl. Kü, KM 180,00 € + NK + 3MM

6. **Schreiben Sie die Abkürzungen einer Wohnungsanzeige zu den folgenden Wohnungen auf:**
   a) drei Zimmer, Einbauküche, 70 - 80 Quadratmeter Wohnfläche, Dusche, erstes Obergeschoss, bis 640,00 € Kaltmiete + Nebenkosten.

   b) Vierzimmerwohnung, Erdgeschoss, bis 700,00 € warm, Einbauküche, Nichtraucher, ca. 70 Quadratmeter Wohnfläche, Dusche, Internetempfang.

2 Miete und Nebenkosten

Die Miete ist das Geld, das man für die Wohnung, in der man wohnt, an den Vermieter bezahlt. Für die gemietete Wohnung wird ein Mietvertrag abgeschlossen. Dieser Mietvertrag wird von dem Vermieter ausgefüllt und enthält alle Mietbedingungen, z. B. ob man Haustiere haben darf, wie lange die Kündigungsfrist ist, mit wie vielen Personen die Wohnung bewohnt werden soll und ob sie renoviert ist oder ob man sie selbst **renovieren** muss.

Die Höhe der Miete wird vom Vermieter bestimmt. Er muss sich aber in **Ballungsgebieten** an eine vorgegebene Obergrenze halten. Die Mieten können unterschiedlich hoch sein. Dies hängt von dem Zustand und der Lage der Wohnung ab. Es gibt teure und günstige Stadtteile. Am Stadtrand und in den ländlichen Gegenden sind die Wohnungsmieten oft niedriger. Hierbei müssen aber durch den Arbeitsweg entstehende Kosten mitberechnet werden. Ebenfalls sollten kulturelle Angebote, sowie gut erreichbare Schulen, Kindergärten und Einkaufsmöglichkeiten bedacht werden. Muss ich mir ein Auto kaufen, reicht ein Fahrrad aus oder kann ich alles zu Fuß gut erreichen?

Im Mietvertrag stehen Kaltmiete und Nebenkosten. Die Kaltmiete ist die Miete ohne Nebenkosten. In den Nebenkosten können Abgaben für Wasser, Heizung, Müllabfuhr, Abwasser und Versicherungen enthalten sein. Die gesamte Miete wird manchmal als Warmmiete bezeichnet. Dieser Begriff ist aber nicht eindeutig gesetzlich geregelt. Man muss daher nachfragen und im Mietvertrag genau nachlesen, welche Nebenkosten sonst noch anfallen. Der Stromverbrauch wird mit einem Stromversorger, den sich der Mieter selbst aussuchen kann, abgerechnet.

Ein Mietvertrag muss schriftlich abgeschlossen werden. Dabei ist es wichtig, diesen genau durchzulesen, bevor man ihn unterschreibt, denn darin sind alle Bedingungen und Verpflichtungen enthalten, die eingehalten werden müssen. Ebenfalls muss die Anschrift des Vermieters darin stehen, ob eine Mietsicherheit (Kaution) vorher gezahlt werden muss und wie hoch diese ist. Diese Mietsicherheit erhält der Mieter beim Auszug aus der Wohnung mit Zinsen zurück, wenn die Wohnung in gutem Zustand verlassen wird.

Wenn der Mietpreis sehr hoch ist und man eine Wohnung nicht bezahlen kann, weil man zu wenig verdient oder die Unterstützung vom Staat nicht ausreicht, bieten die meisten Städte Sozialwohnungen an. Die Mieten dieser Wohnungen sind günstiger. Allerdings benötigt man hierfür einen B-Schein (Wohnberechtigungsschein), den man beim Wohnungsamt bekommen kann. Es ist aber auch möglich, Wohngeld oder einen Zuschuss zur Miete zu beantragen.

renovieren	Wände mit Farbe streichen, Tapete anbringen	to renovate	يُرمم
das Ballungsgebiet	Gebiet mit einer hohen Einwohnerzahl	conurbation	التجمع العُمراني

2 Miete und Nebenkosten

1. Erklären Sie den Begriff „Miete“.

2. Für die gemietete Wohnung wird vom Vermieter ein Mietvertrag ausgestellt.
Zählen Sie vier Mietbedingungen auf, die in einem Mietvertrag stehen können.

3. Wovon hängt die Höhe der Miete ab?

4. Im Mietvertrag stehen Kaltmiete und Nebenkosten.
a) Was versteht man unter dem Begriff „Kaltmiete“?

b) Welche Abgaben sind in den Nebenkosten enthalten?

c) Was versteht man unter dem Begriff „Warmmiete“?

5. a) Beschreiben Sie den Begriff „Mietsicherheit“.

b) Welchen anderen Begriff für Mietsicherheit gibt es noch?

6. a) Wer bietet Sozialwohnungen an?

b) Was braucht man, um eine Sozialwohnung zu mieten?

c) Was kann beantragt werden, wenn der Verdienst zu gering ist, um die Miete zahlen können?

3 Nachbarschaft und Hausordnung

Familien mit Kindern, Paare, alleinstehende Männer oder Frauen können als Mieter in einem Mietshaus wohnen. Es ist daher wichtig, untereinander eine gute Nachbarschaft zu pflegen. Dazu gehören z. B. gegenseitiger **Respekt**, Kommunikation und das Anbieten von Hilfe bei Problemen.

Zur gegenseitigen Rücksichtnahme gehört die Einhaltung von Ruhezeiten. Hierzu zählt die Nachtruhe zwischen 22:00 Uhr und 6:00 Uhr oder 7:00 Uhr morgens. Es darf an Sonntagen und Feiertagen in der Wohnung nicht so laut sein (Zimmerlautstärke). Dazu gehören auch laute Gespräche und die Lautstärke von Radio oder Fernseher.

Stehen in der Hausordnung weitere Ruhezeiten, müssen diese eingehalten werden.

Die Hausordnung ist als Grundlage zum friedlichen Zusammenleben der einzelnen Mietparteien in einem Mehrfamilienhaus gedacht. Die Hausordnung hängt entweder sichtbar für alle im Treppenhaus oder liegt dem Mietvertrag bei. In der Hausordnung könnte z. B. stehen, dass auch die Mittagsruhe (12:00 Uhr bis 14:00 Uhr) eingehalten werden soll. Dies gilt auch für Zeiten, in denen ein Instrument gespielt wird.

Weitere Punkte in der Hausordnung könnten sein:

- das Halten von **Haustieren**,
- Regelung für das Reinigen des Treppenhauses,
- das Sauberhalten von Gehwegen um das Haus herum,
- Schnee schaufeln oder Schnee fegen,
- Pflege des Gartens bei Gartennutzung,
- Regelung, wie oft gefeiert oder gegrillt werden darf,
- ab wann die Haustür abgeschlossen werden muss,
- wo das Auto oder die Fahrräder abgestellt werden dürfen.

Jeder Vermieter hat aber auch das Recht, weitere Punkte zur Hausordnung dazuzuschreiben.

respektieren	einander achten	to respect so./sth.	يحترم
das Haustier	z. B. Hund, Katze, Hamster, Vogel, keine Nutztiere	pet	حيوان أليف

3 Nachbarschaft und Hausordnung

1. Wer kann in einem Mietshaus wohnen?

2. Was gehört zu einer guten Nachbarschaft?

3. Schreiben Sie die Zeiten der Nachtruhe auf.

4. Beschreiben Sie, was unter Zimmerlautstärke zu verstehen ist.

5. a) Warum gibt es eine Hausordnung?

   b) Wo findet man diese Hausordnung?

6. a) Was könnte in einer Hausordnung stehen?
   Zählen Sie fünf Beispiele auf, die für Sie wichtig sind.

   b) Warum sind Ihnen gerade diese Punkte der Hausordnung wichtig?
   Schreiben Sie Ihre Meinung dazu auf.

4 Telefon, Internet und Fernsehen

Handy, Smartphone oder Tablet spielen in der heutigen Zeit eine große Rolle. Neben diesem mobilen Telefonieren gibt es die Möglichkeit, in der Wohnung einen Festnetzanschluss für das Telefon zu haben. Die Einrichtung kann bei einem der vielen Telefonanbieter beantragt werden. Man geht dazu zu einem Telefonshop; dort kann man zwischen mehreren Telefontarifen wählen.

Da es in Deutschland viele Telefonanbieter gibt, lohnt es sich, die Preise, Bedingungen und Tarife zu vergleichen und sich erst dann für einen Anbieter zu entscheiden.

Laptop und Smartphone sind für die mobile Internetnutzung geeignet. Möchte man aber einen stationären Computer haben, so braucht man einen Internetanschluss und einen Internetvertrag. Dieser Vertrag kann bei einem bereits ausgewählten Telefonanbieter abgeschlossen werden. Es ist aber auch möglich, hierfür einen anderen Anbieter auszuwählen.

In einigen Wohnungen ist schon ein Kabelanschluss für den Fernseher und das Internet vorhanden. Für den Fernseher kann auch bereits eine **Satellitenschüssel** angebracht sein. Für den Kabelanschluss wird vom Vermieter eine monatliche Gebühr verlangt. Möchte man eine eigene Satellitenschüssel anbringen, muss der Vermieter um Erlaubnis gefragt werden.

An die öffentlich-rechtlichen **Rundfunkanstalten** werden Gebühren (Rundfunkgebühren) für Radio und Fernsehen gezahlt. Die öffentlich-rechtlichen Rundfunkanstalten in Deutschland sind: ARD, ZDF, 3sat, Arte und Phoenix. Dazu kommen die einzelnen Bundesländer mit ihren Regionalsendern. Diese Sender erhalten die Rundfunkgebühren. Es gibt aber auch private Sender. Sie nehmen Geld durch Werbespots ein, die die Sendungen häufig unterbrechen. Zu diesen Sendern gehören z.B. SAT1, RTL, PRO7, Kabel1.

die Satellitenschüssel	Empfangsgerät für Fernsehsender, meist auf dem Dach angebracht	satellite dish	طبق الأقمار الصناعية
die Rundfunkanstalt	produziert Sendungen im Fernsehen	broadcasting corporation	محطة إذاعة

4 Telefon, Internet und Fernsehen

1. Welche drei Möglichkeiten des mobilen Telefonierens gibt es?

2. a) Wo kann man einen Telefonanschluss beantragen?

   b) Was sollte man bei der Auswahl des Telefonanbieters beachten?

3. Welche Möglichkeiten gibt es, mobil ins Internet zu gehen?

4. Was wird für einen stationären Computer benötigt?

5. Welchen Anschluss braucht man für einen Fernseher?
   Zählen Sie zwei Möglichkeiten auf.

6. An wen werden die Rundfunkgebühren gezahlt?

7. a) Zählen Sie die öffentlich rechtlichen Rundfunkanstalten in Deutschland auf.

   b) Listen Sie neun Regionalsender auf.

8. Es gibt auch private Sender.

   a) Woher bekommen sie Geld?

   b) Nennen Sie einige Privatsender.

5 Einkaufen: Lebensmittel

Supermärkte sind größere Geschäfte mit Selbstbedienung oder Bedientheken für Fleisch, Wurst und Käse. Es gibt auch günstigere Supermärkte (Discounter). Ein Preisvergleich und das Einkaufen von Sonderangeboten (Information z. B. durch Prospekte) hilft, beim Einkaufen Geld zu sparen.

Supermärkte bieten alles an, was man zum Zubereiten des Essens und für den Haushalt braucht. Zum Beispiel Fleisch und Wurst, Käse und Milchprodukte, Backwaren, Schreibwaren und Zeitschriften oder Putzmittel und Batterien.

Sogenannte „Tante-Emma-Läden" sind kleine Geschäfte, in denen man über eine Theke hinweg bedient wird. Die Ware ist etwas teurer. Diese Geschäfte gibt es nur noch selten in kleineren Orten, da die Supermärkte ihnen Konkurrenz machen.

Bäckereien verkaufen frische unterschiedliche Brotsorten, Brötchen, Kuchen und Torten. In vielen Bäckereien bekommt man auch verschiedene Kaffeesorten und auch Kaffee zum Mitnehmen.

Konditoreien verkaufen besondere Torten, die von einem **Konditor** gebacken werden. Sie haben oft auch eine Kaffeestube, in die man sich setzen und Kaffee und Torte genießen kann.

Metzgereien verkaufen Fleisch und Wurst und bieten auch manchmal warmes Mittagessen an. In einigen Orten werden hier auch Waren für die ausländische Bevölkerung angeboten.

Kioske verkaufen Süßigkeiten, Getränke, Eis, Tabakwaren, Zeitschriften. Manchmal kann man auch belegte Brötchen dort kaufen. Meistens reicht der Verkäufer die Ware dem Käufer durch ein Fenster. Kioske haben oft bis spät abends und auch an Feiertagen und sonntags geöffnet.

Wochenmärkte finden in vielen größeren Orten einmal oder zweimal in der Woche statt. An Ständen werden frisches Obst, Gemüse, frischer Fisch, Frischfleisch, Backwaren und Blumen angeboten.

Fachgeschäfte haben z. B. eine besonders große Auswahl an Teesorten, Süßigkeiten, Kleidung, Schuhen oder **Drogeriewaren**. Es gibt auch Geschäfte speziell mit ausländischen Waren.

der Konditor	jemand, der Fein- und Süßgebäck herstellt	confectioner	الحلواني
die Drogerieware	z. B. Shampoo, Reinigungsmittel, Produkte zur Körperpflege	drugstore products	سلعة صيدلانية

5 Einkaufen: Lebensmittel

1. a) Beschreiben Sie den Begriff „Supermarkt“.

   b) Wodurch kann man beim Einkauf Geld sparen?

2. Zählen Sie fünf Waren auf, die im Supermarkt angeboten werden.

3. Erklären Sie den Begriff „Tante-Emma-Laden“.

4. Was verkaufen Bäckereien?

5. Wo kann man Fleisch kaufen?

6. Was bieten Kioske an?

7. Was bekommt man auf Wochenmärkten?

6 Einkaufen: Geschäfte

In Deutschland sind die Öffnungszeiten der einzelnen Geschäfte unterschiedlich. Einige Supermärkte haben von 7:00 Uhr morgens bis 22:00 Uhr abends geöffnet. Andere Geschäfte schließen um 18:00 Uhr oder um 20:00 Uhr und samstags haben einige Geschäfte in kleineren Orten schon ab 14:00 Uhr geschlossen.

Es gibt Fachgeschäfte, die morgens später öffnen. Es ist wichtig, sich über die Öffnungszeiten zu informieren. Alle Geschäfte haben sonntags und an Feiertagen geschlossen. Es gibt aber auch Ausnahmen. Zum Beispiel öffnen Bäckereien, Kioske und Tankstellen oder Blumenläden entweder den ganzen Tag oder nur für einige Stunden. An besonderen Sonntagen (Stadtfeste) dürfen alle Geschäfte öffnen. Es herrscht dann dort viel Trubel.

Es ist auch möglich, in Kaufhäusern einzukaufen; dies sind große Geschäfte, in denen z. B. Kleidung, alles für den Haushalt, Drogeriewaren, Spielzeug und Schreibwaren angeboten werden. Die Kaufhäuser werden immer mehr von großen Einkaufszentren ersetzt, in denen es viele kleinere Geschäfte gibt.

In allen Geschäften kann man entweder **bar bezahlen**, mit der Bankkarte oder mit der Kreditkarte. Allerdings nehmen einige Geschäfte Bank- oder Kreditkarten erst ab einer gewissen Kaufsumme an, z. B. ab 10,00 € oder 20,00 €.

Wenn man in einem Geschäft eine Ware, die man gerne kaufen würde, nicht findet, kann man das **Personal**, das für die einzelnen Bereiche zuständig ist, ansprechen. Diese Person hilft gerne, die entsprechende Stelle zu finden, meist wird man sogar bis zu der gesuchten Ware begleitet.

bar bezahlen	mit Geldscheinen und -münzen bezahlen	to pay cash	يدفع نقداً
das Personal	Mitarbeiter eines Unternehmens	staff	الموظفون

6 Einkaufen: Geschäfte

1. Setzen Sie folgende Wörter richtig ein:

kleineren, 22:00 Uhr, schließen, Deutschland, 7:00 Uhr, unterschiedlich, Geschäfte, 24:00 Uhr

In ________________ sind die Öffnungszeiten der einzelnen Geschäfte ________________.

Einige Supermärkte haben von ________________ morgens bis ________________ abends oder sogar bis ________________ geöffnet. Andere Geschäfte ________________ um 18:00 Uhr oder um 20:00 Uhr und samstags haben einige ________________ in ________________ Orten schon um 14:00 Uhr geschlossen.

2. Fast alle Geschäfte haben sonntags und an Feiertagen geschlossen. Welche Ausnahmen gibt es aber dennoch?

____

3. a) Erklären Sie den Begriff „Kaufhäuser".

____

____

b) Was wird in den Kaufhäusern angeboten? Zählen Sie fünf Beispiele auf.

____

____

4. Wodurch werden die großen Kaufhäuser ersetzt?

____

5. a) Zählen Sie drei Zahlungsmöglichkeiten auf.

____

b) Wie hoch muss die Einkaufssumme mindestens sein, wenn man mit der Bank- oder Kreditkarte zahlen möchte?

____

6. Was macht man, wenn man in einem Geschäft gewisse Waren nicht findet?

____

7 Müll und Entsorgung: Mülltrennung

In Deutschland gibt es viele verschiedene Mülltonnen. Diese sind entweder grau und haben verschiedenfarbige Deckel oder sind einfarbig. In jedem Haushalt fällt viel Müll an, z. B. Obstreste, Plastikbeutel, Kunststoffbehälter, Milchtüten, Pappkartons, Bonbonpapier oder Eierschalen. Dieser Müll wird in Deutschland getrennt weggeworfen, daher gibt es unterschiedliche Mülltonnen:

- In die gelbe Tonne gehören Verkaufsverpackungen, z. B. Konservendosen, Joghurtbecher, Milchtüten, Bonbonpapier.
- In die braune oder mancherorts auch grüne Tonne gehören: Biomüll, Obst- und Gemüsereste oder Eierschalen, aber keine Essensreste.
- In die blaue Tonne gehören: Papier, Pappe, Zeitungen, Kartons, aber kein Back- oder Butterbrotpapier.
- In die graue Tonne (Restmülltonne) gehören: Essensreste, Windeln, Zigarettenkippen, Staubsaugerbeutel, Asche, aber kein Sondermüll.

In manchen Gegenden gibt es noch spezielle Tonnen in einer abweichenden Farbe. Was dort hineingehört, steht in Broschüren der Abfallwirtschaft.

In keine dieser Tonnen gehört z. B.:

- **Glas:**
  Es gibt verschiedene Stellen im Ort mit Altglascontainern. Dort trennt man Glas nach Farben (weiß, grün, braun). Blaues Glas wird in den grünen Container geworfen. Beim Glaseinwurf sind die Zeiten zu beachten, die auf den Hinweisschildern an den Containern stehen.
- **Kleidung:**
  Kleidungsstücke oder Schuhe, die nicht mehr gebraucht werden, können in Beuteln verpackt in Kleider- oder Schuhcontainer gegeben werden. Dabei sollte darauf geachtet werden, dass diese Kleidungsstücke noch heil sind und keine Flecken haben, denn sie werden an arme Menschen weitergegeben.
- **Sondermüll, Schadstoffe:**
  Unter Sondermüll versteht man alle giftigen oder umweltschädlichen Dinge, die der Handel nicht zurücknimmt. Hierfür gibt es in größeren Orten Wertstoffhöfe, in kleineren Ortschaften kommt mehrmals im Jahr ein Schadstoffmüllmobil.

Viel besser als Mülltrennung ist Müllvermeidung. Dazu gehört, dass man zum Einkaufen entweder einen Einkaufskorb, einen Leinenbeutel oder ein Einkaufsnetz mitnimmt. Falls es doch einmal eine Plastiktüte sein muss, so sollte diese immer wieder zum Einkaufen mitgenommen werden. Für das meiste Obst braucht man keine kleinen Plastiktüten, die am Obststand angeboten werden, denn z. B. haben Bananen, Auberginen, Melonen und auch andere Obst- und Gemüsearten bereits eine Schale als Verpackung. Es sollten auch keine bereits in Folie verpackten Waren gekauft werden, ebenso nicht **Einweg**trinkbecher oder -flaschen. Manchmal ist es aber dennoch nötig, z. B. Milch oder Joghurt in Glasflaschen oder **Tetrapaks** zu kaufen.

Der bessere Weg ist immer unverpackte frische Ware zu kaufen.

Einweg	Verpackungen mit einmaligem Nutzen	disposable	الاستخدام لمرة واحدة
das Tetrapak	Verpackung aus Kunststoff	Tetra Pak	عبوة من البلاستيك

7 Müll und Entsorgung: Mülltrennung

1. **Schreiben Sie je vier Beispiele auf.**

   a) Was gehört in die Tonne mit dem gelben Deckel?

   b) Was gehört in die Tonne mit dem braunen Deckel?

   c) Was gehört in die Tonne mit dem blauen Deckel?

   d) Was gehört in die graue Tonne (Restmülltonne)?

2. **Was versteht man unter Sondermüll?**

3. **Nach welchen Farben wird Glas in die Glascontainer geworfen?**

4. **In welche Container wirft man alte Kleidungsstücke oder alte Schuhe?**

5. **Nennen Sie drei Beispiele, was man zum Einpacken seiner Ware beim Einkauf mitnimmt, um Müll zu vermeiden?**

6. **Warum muss man viele Obst- und Gemüsesorten nicht extra in Plastiktüten verpacken?**

8 Banken: Konto und Geld

Fast jeder in Deutschland hat ein Girokonto bei einer Bank. Von diesem Konto werden die monatlich oder jährlich zu zahlenden Beträge, z.B. Miete, Versicherungen etc. abgebucht und der Lohn oder die Sozialleistungen kommen auf das Konto.

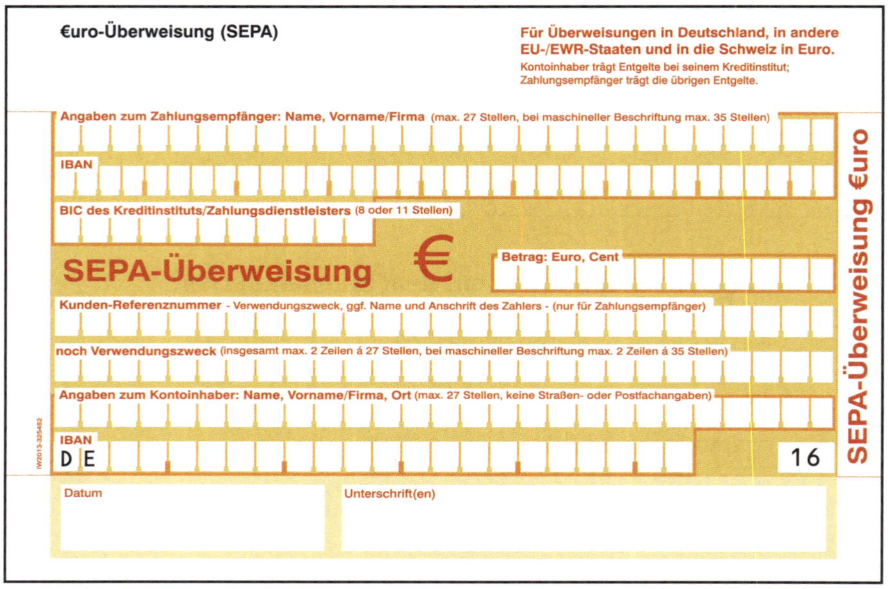
€uro-Überweisung (SEPA)
Für Überweisungen in Deutschland, in andere EU-/EWR-Staaten und in die Schweiz in Euro.
Kontoinhaber trägt Entgelte bei seinem Kreditinstitut; Zahlungsempfänger trägt die übrigen Entgelte.
Angaben zum Zahlungsempfänger: Name, Vorname/Firma (max. 27 Stellen, bei maschineller Beschriftung max. 35 Stellen)
IBAN
BIC des Kreditinstituts/Zahlungsdienstleisters (8 oder 11 Stellen)
SEPA-Überweisung €
Betrag: Euro, Cent
Kunden-Referenznummer - Verwendungszweck, ggf. Name und Anschrift des Zahlers - (nur für Zahlungsempfänger)
noch Verwendungszweck (insgesamt max. 2 Zeilen à 27 Stellen, bei maschineller Beschriftung max. 2 Zeilen à 35 Stellen)
Angaben zum Kontoinhaber: Name, Vorname/Firma, Ort (max. 27 Stellen, keine Straßen- oder Postfachangaben)
IBAN
D E
16
Datum
Unterschrift(en)
SEPA-Überweisung €uro

Die Bank kann man sich selbst frei aussuchen. Auch Personen ohne Ausweis oder Pass dürfen seit September 2015 ein Konto bei einer Bank haben. Hierfür genügt die Vorlage des Schreibens der Ausländerbehörde, in dem Name, Geburtsort und Geburtsdatum, Staatsangehörigkeit und die jetzige Anschrift stehen. Außerdem sollte dieses Schreiben ein Foto des Antragstellers und das **Siegel** der Behörde haben.

Für das Girokonto verlangt die Bank eine Gebühr, die **Kontoführungsgebühr**. Diese kann bei den Banken unterschiedlich sein. Man muss sie zahlen, weil die Bank Abbuchungen und Auszahlungen von dem Konto macht. Jeder erhält für sein Konto eine Bankkarte und eine dazugehörende PIN-Nummer. Diese beiden Dinge müssen unbedingt getrennt aufbewahrt werden. Noch besser wäre es, wenn man sich die PIN-Nummer merkt, damit keine andere Person Geld vom Konto abheben kann.

Mit dieser Karte kann man auch beim Einkaufen bezahlen (bei Mindesteinkaufswert) oder am Geldautomaten mit der Karte und PIN-Nummer Bargeld abheben. Hierbei sollte man die Zahlen der PIN-Nummer, die man auf der Tastatur des Geldautomaten eingibt, mit einer Hand abdecken, damit kein Fremder sie sehen kann. Es ist aber auch möglich, Geld an der Kasse der Bank direkt abzuheben. Diese abgehobenen Geldsummen werden auch vom Konto abgebucht.

Es ist auch möglich, dass man Geld vom eigenen Konto auf ein anderes Konto überweist. Dies geschieht durch einen Überweisungsvordruck (bekommt man bei der Bank), den man an einem Schalter ausfüllt, oder man überweist online Geld von zu Hause aus.

das Siegel	Zeichen, das eine bestimmte Person oder Behörde ausweist	seal	الخاتم
die Kontoführungsgebühr	Gebühr, die man zahlen muss, wenn man ein Konto nutzen möchte	account maintenance fee	رسوم تشغيل الحساب

8 Banken: Konto und Geld

1. **Was kann von dem Girokonto abgebucht werden?**

___

2. **Welche Zahlungen können auf dem Girokonto eingehen?**

___

3. **Beschreiben Sie den Vorgang einer Kontoeröffnung für Personen ohne Ausweis oder Pass.**

___

___

4. **Warum muss man Kontoführungsgebühren bezahlen?**

___

5. **Was vergibt die Bank bei der Kontoeröffnung?**

___

6. **Was macht man mit der PIN-Nummer?**

___

7. **Welche Möglichkeiten bietet die Bankkarte?**

___

8. **Was muss man beachten, wenn man am Geldautomaten Geld abheben möchte?**

___

9. **Setzen Sie folgende Wörter richtig in die Lücken ein:**
Internet, Überweisungsvordruck, Konto, Geld, Schalter, überweist

Es ist auch möglich, dass man ____________ vom eigenen ____________ auf ein anderes Konto ____________. Dies geschieht durch einen ____________, den man an einem ____________ ausfüllt. Man kann das Geld auch von zu Hause aus online überweisen.

9 Umgangsformen

Der richtige Umgang mit anderen Menschen ist sehr wichtig. Es gibt gewisse Regeln für gute Umgangsformen. Es beginnt mit der **Höflichkeit** bei der Begrüßung. Man reicht sich die rechte Hand, sieht die Person an und wünscht einen „guten Morgen“, einen „guten Tag“ oder einen „guten Abend“. In den einzelnen Bundesländern können diese Begrüßungsanreden entsprechend anders sein, z. B. „Moin“ oder „Grüß Gott“. Sitzt man in gesellschaftlicher Runde am Tisch, steht man zur Begrüßung der dazukommenden Person auf, um ihr die Hand zu reichen.

Im Freundeskreis genügt auch ein freundliches „Hallo“ oder ein nettes Lächeln oder Winken aus der Ferne. Wenn man Personen gut kennt, besteht die Möglichkeit, sie zu umarmen und/oder ein Küsschen rechts und links auf die Wangen zu geben.

Es ist auch wichtig, eine Person anzusehen, wenn man mit ihr spricht. Dadurch zeigt man, dass die Person die volle Aufmerksamkeit hat und sie einem wichtig ist. Man sollte zu einer Person einen Mindestabstand einhalten, damit sie sich nicht bedrängt fühlt.

Menschen, die man kaum kennt, werden mit „Sie“ oder dem Nachnamen „Herr ..., Frau ...“ angesprochen. Eine Person darf man mit „Du“ oder dem Vornamen ansprechen, wenn sie zum Freundes- oder Bekanntenkreis gehört. Chefs, Lehrkräfte oder fremde Personen werden immer gesiezt, wenn diese von sich aus nicht das „Du“ anbieten. Zur Höflichkeit gehört auch, dass man im Gespräch mit anderen nicht ständig auf sein Smartphone sieht, telefoniert oder Nachrichten schreibt. Es werden zuerst ältere Personen begrüßt.

Bei der Verabschiedung sagt man „auf Wiedersehen“. Bei Freunden oder guten Bekannten kann man „Bis bald“, „Tschüss“, oder „Mach's gut“ sagen und wünscht „noch einen guten Tag“.

Die Wörter „bitte“ und „danke“ sind ebenso Höflichkeitswörter wie die Wörter „Verzeihung“ und „Entschuldigung“. Wenn man etwas möchte, ist es sehr höflich, wenn das Wort „bitte“ verwendet wird, z. B.: „Geben Sie mir bitte das Stück Kuchen.“ Wenn man etwas bekommt oder jemand etwas für einen macht, sagt man „danke“, „vielen Dank“ oder „ich bedanke mich“. Die Wörter „Entschuldigung“ oder „Verzeihung“ sollte man sagen, wenn man z. B. jemandem aus Versehen den Weg versperrt oder ihn anrempelt.

die Höflichkeit	andere mit Respekt behandeln, Umgangsformen beherrschen	courtesy	التهذب

9 Umgangsformen

1. **Beschreiben Sie eine höfliche Begrüßung.**

2. **Wie verhält man sich bei einer Begrüßung in einer geselligen Runde am Tisch?**

3. **Wie kann man Freunde begrüßen?**

4. **a) Wie verhält man sich richtig, wenn man mit einer Person spricht?**

   b) Begründen Sie Ihre Antwort.

5. **Wie werden Menschen angesprochen, die man kaum kennt?**

6. **Wie spricht man Personen an, die zum Freundes- oder Bekanntenkreis gehören?**

7. **Was sagt man, wenn man sich von einer Person verabschiedet?**

8. **a) Zählen Sie vier weitere Höflichkeitswörter auf.**

   b) Nennen Sie dazu zwei Beispiele.

10 Essen und Trinken

Es gibt in Deutschland drei Hauptmahlzeiten. Dies sind Frühstück, Mittagessen und Abendessen. Viele berufstätige Menschen frühstücken nicht oder nur sehr wenig, weil sie morgens oft kaum Zeit haben.

Zum Frühstück werden Wurst, Käse, Marmelade, Honig, Brot und Brötchen gegessen. Dazu werden warme Getränke wie Kaffee oder Tee getrunken. Kinder trinken morgens gerne warme Milch oder Kakao und essen Müsli. Unter Müsli versteht man eine Mischung aus Getreideflocken, die Nüsse, Rosinen, Schokoladenstückchen oder getrocknete Früchte enthält. Man kann das Müsli mit warmer oder kalter Milch, Joghurt oder mit frischem Obst essen.

Das Mittagessen ist eine warme Mahlzeit. Es kann aus Fleisch oder Fisch und Soße bestehen, dazu werden Kartoffeln, Bratkartoffeln, Pommes frites, Reis oder Nudeln gegessen. Außerdem sollte eine größere Menge Gemüse und Salat nicht fehlen. Als Nachspeise können Früchte, Quarkspeisen, Eis, Pudding oder andere Süßspeisen gereicht werden.

Das Mittagessen sehen manche Leute als die Hauptmahlzeit des Tages an. Da aber viele Leute berufstätig sind und die Kinder zur Schule oder in den Kindergarten gehen, wird die warme Mahlzeit (Mittagessen) oft am Abend gegessen.

Zum Abendessen (Abendbrot) kann man noch einmal die Lebensmittel essen, für die man sich schon morgens entschieden hat, falls abends nicht warm gegessen wird. Dazu isst man eine größere Portion Obst, Salat oder Gemüse.

Die Deutschen essen gerne verschiedene Sorten Brot oder Brötchen, aber auch sehr gerne Fleisch oder Fisch, Gemüse und Salat. Aber immer mehr Menschen essen kein Fleisch. Sie werden als Vegetarier bezeichnet. Veganer hingegen essen kein Fleisch und keine Tierprodukte.

In Deutschland wird das Essen durch die Zuwanderer immer internationaler. Es gibt nicht mehr das typische deutsche Essen. Der Einfluss der anderen Nationen wird immer größer und die Menschen probieren gerne Speisen aus anderen Ländern und essen, was ihnen schmeckt.

Viele Menschen gehen oft auch auswärts essen. Man kann sich eines der vielen Restaurants der unterschiedlichsten Nationalitäten aussuchen. Geht man in ein Restaurant, kann man als Anerkennung für den guten Service der Bedienung ein **Trinkgeld** geben. Das kann etwa 5-10 % der Rechnungssumme sein.

Wenn man möchte, kann man sich durch einen **Lieferservice** die verschiedenen Gerichte nach Hause bringen lassen, indem man sich einen der vielen Lieferdienste aussucht und dort anruft oder online bestellt. Innerhalb kurzer Zeit wird das bestellte Essen geliefert. Eine andere Möglichkeit ist, sich etwas von einem Imbiss oder Schnellrestaurant zu holen.

das Trinkgeld	Betrag, den man bei Dienstleistungen zusätzlich freiwillig zahlt	tip	البقشيش
der Lieferservice	Imbiss oder Restaurant, bei dem man Essen bestellen und sich nach Hause liefern lassen kann	takeaway delivery service	خدمة التوريد

10 Essen und Trinken

1. Welche drei Hauptmahlzeiten gibt es in Deutschland?

2. Erklären Sie, warum die meisten berufstätigen Menschen gar nichts oder nur wenig zum Frühstück essen.

3. Zählen Sie einige Beispiele auf, was morgens zum Frühstück gegessen und getrunken werden kann.

4. a) Was essen und trinken Kinder in Deutschland morgens gerne?

   b) Woraus besteht Müsli?

5. Zählen Sie einige Speisen auf, die zum Mittagessen gegessen werden können.

6. Nennen Sie Gründe, warum das Mittagessen nicht immer mittags sein muss.

7. Erklären Sie, was ein
   a) Vegetarier ist.

   b) Veganer ist.

8. Was versteht man unter dem Begriff „Trinkgeld"?

9. Wie viel Trinkgeld (in %) ist angemessen?

11 Alkohol und Rauchen

Personen unter 18 Jahren dürfen in der Öffentlichkeit nicht rauchen oder Tabakwaren in Geschäften kaufen. Wenn ein Jugendlicher dennoch versucht, Zigaretten zu kaufen, wird an der Kasse der Personalausweis verlangt. Personen müssen sich zum Beispiel in öffentlichen Gebäuden oder auf dem Bahnsteig an die gekennzeichneten Raucherbereiche halten. Überall sonst gilt Rauchverbot.

In Cafés oder Restaurants herrscht ebenfalls Rauchverbot oder es gibt dort einen speziellen Raucherraum. Dieses allgemeine Rauchverbot dient zum Schutz der Nichtraucher, die durch den Tabakrauch gesundheitlich gefährdet werden können.

Jugendliche unter 14 Jahren dürfen in Deutschland in keinem Fall Alkohol kaufen oder in Gaststätten und Restaurants Alkohol trinken, da Alkohol für sie wesentlich schädlicher ist, als für Erwachsene. Erst ab dem 16. Lebensjahr ist es erlaubt, Wein, Bier und Sekt zu kaufen und mit Erlaubnis der Eltern zu trinken. Für Jugendliche ist daher im Jugendschutzgesetz unter § 9 eine entsprechende Regelung vorgesehen. Höherprozentige alkoholische Getränke können Personen ab dem 18. Lebensjahr kaufen und trinken.

Im Straßenverkehr muss man Alkohol unbedingt vermeiden, da die **Reaktionszeit** nachlässt und schneller Unfälle passieren können. Es gilt zwar eine 0,5 bzw. die 0,3-**Promille**grenze, aber sollte es zu einem Unfall kommen, wird man dann trotzdem bestraft, auch wenn man an dem Unfall keine Schuld hat. Für Fahranfänger in der Probezeit und Menschen unter 21 Jahren gilt eine 0,0-Promillegrenze. Wenn man Alkohol getrunken hat, ist es also auf jeden Fall besser, wenn man sich fahren lässt (Bus, Bahn, Taxi).

Alkohol kann die Wirkung von Medikamenten sehr verstärken oder abschwächen und deren Nebenwirkungen stark erhöhen. Wer Medikamente einnimmt, muss daher in dem zugehörigen Beipackzettel sorgfältig nachlesen, ob er überhaupt Alkohol trinken darf.

das Promille	messbarer Alkoholgehalt im Blut	blood alcohol level	نسبة
die Reaktionszeit	Zeit, die man benötigt, um auf etwas zu reagieren	reaction time	زمن التفاعل

11 Alkohol und Rauchen

1. Wer darf in der Öffentlichkeit weder Rauchen noch Tabakwaren in Geschäften kaufen?

2. Wo dürfen volljährige Personen in öffentlichen Gebäuden rauchen?

3. a) Schreiben Sie auf, wie das Rauchen in Restaurants oder Cafés geregelt ist.

   b) Warum gilt hier ein Rauchverbot?

4. Wer darf keinen Alkohol kaufen?

5. a) Welche alkoholischen Getränke dürfen Jugendliche ab dem 16. Lebensjahr kaufen und mit Genehmigung der Eltern trinken?

   b) Warum gibt es diese Regelung?

6. Warum darf man keinen Alkohol trinken, wenn man selbst Auto fährt?

7. Für welche Personen gilt im Straßenverkehr eine 0,0-Promillegrenze?

12 Haustiere

Haustiere sind beliebt in Deutschland. Das beliebteste Haustier ist der Hund, aber auch die Katze gehört zu den Lieblingstieren. Während der Hund mehr Zuwendung, z. B. durch tägliches mehrmaliges „**Gassi gehen**" erhält, sind Katzen selbstständiger. Sie erkunden ihre Umwelt alleine und kommen dann wieder nach Hause zurück.

In Deutschland gibt es wenig **herrenlose** Hunde oder Katzen. Gehören sie aber dennoch zu keinem Haushalt, werden sie in ein Tierheim gebracht. Dort kümmert man sich um alle herrenlosen Tiere. Möchte man ein Tier haben, ist es möglich, sich entweder um ein Tier aus dem Tierheim zeitweise zu kümmern oder es dort auch zu kaufen.

In Deutschland werden Hunde meistens an der Leine geführt, bei einigen Hunderassen ist es sogar Vorschrift, damit andere Personen nicht gefährdet werden. In Schutzgebieten oder zu bestimmten Jahreszeiten dürfen sie auf keinen Fall frei herumlaufen, da brütende Tiere nicht gestört oder gefährdet werden dürfen. Ein entsprechendes Schild an den Wegen weist darauf hin.

Wer einen Hund besitzt, muss an die Gemeinde Hundesteuer bezahlen. Der Hundebesitzer erhält für den Hund eine Hundemarke, die er an dem Halsband des Hundes befestigt. Die Hundesteuer wird dazu verwendet, um z. B. Wege zu reinigen.

Die Menschen halten auch gerne Kleintiere in ihren Haushalten. Dazu gehören u. a. Wellensittiche, Fische, Hamster, Schildkröten oder Kaninchen.

Besitzt man als Mieter ein Tier, z. B. einen Hund oder sogar ein gefährliches Haustier, muss der Vermieter gefragt werden, ob er es erlaubt. Nicht jeder Vermieter gibt die Zustimmung, denn sie befürchten, dass z. B. ein Hund viel Schmutz macht oder viel bellt. Ungefährliche Kleintiere dagegen dürfen ohne Erlaubnis des Vermieters gehalten werden.

Gassi gehen	mit dem Hund nach draußen gehen	to walk the dog	يتمشي مع الكلب
herrenlos	ohne Besitzer	stray	شئ بلا صاحب

12 Haustiere

1. Welche Tiere sind in Deutschland am beliebtesten?

2. Warum braucht ein Hund mehr Zuwendung als andere Haustiere?

3. Was passiert mit herrenlosen Hunden oder Katzen?

4. Warum müssen Hunde in Deutschland an der Leine geführt werden?

5. Wann dürfen Hunde auf gar keinen Fall frei herumlaufen?

6. Welche Abgabe muss für einen Hund gezahlt werden?

7. Zählen Sie einige Kleintiere auf.

8. Wie muss man sich als Mieter verhalten, wenn man einen Hund oder ein gefährliches Tier in seiner Wohnung halten möchte?

9. Man muss sich nicht immer ein Tier in einer Tierhandlung kaufen. Nennen Sie eine andere Möglichkeit, sich um ein Tier zu kümmern oder es zu kaufen.

13 Vereine und Sport

In einem Sportverein treffen sich Menschen mit gleichen sportlichen Interessen und trainieren zusammen. Es gibt Vereine für Männer und Frauen. Die beliebteste Sportart ist das Fußballspielen.

Weitere Anreize, sich einem Sportverein anzuschließen sind z.B. Vorlieben für Handball, Schwimmen, Tanzen, Fechten, Leichtathletik oder Judo.

Möchte man in seiner Stadt oder seiner Gemeinde in einen Sportverein gehen, kann man sich ein Angebot über verschiedene Sportarten entweder im Rathaus oder durch den Orts- oder Kreissportbund holen.

Ist man sich noch unsicher, welchen Verein man auswählen möchte, bieten die meisten Vereine „Schnupperkurse" an, d.h. dass man für kurze Zeit ohne Anmeldung in dem Verein mitmachen darf. Danach muss man sich entscheiden, denn als Vereinsmitglied ist man versichert, falls einem etwas beim Trainieren passiert (Sportunfall).

Durch die Mitgliedschaft in einem Verein hat man auch die Möglichkeit, andere Menschen und Freunde kennenzulernen.

Als Mitglied eines Vereins muss ein monatlicher oder jährlicher **Beitrag** gezahlt werden, den der Verein festlegt. Die meisten Vereinsbeiträge sind nicht teuer. Man hat aber die Möglichkeit, Zuschüsse zu bekommen, wenn man als Erwachsener den Beitrag nicht bezahlen kann. Das gilt auch für Jugendliche und Kinder.

Es gibt aber auch die Möglichkeit, sich bei einem Sportkurs anzumelden. Jeder Sportkurs hört jedoch nach einer bestimmten Zeit auf und die Gruppenmitglieder können oft wechseln.

Möchte man keinem Verein beitreten, aber dennoch Sport machen, gibt es die Möglichkeit, z.B. in ein **Fitnessstudio** zu gehen. Diese Beiträge sind aber teurer als die Vereinsbeiträge.

der Beitrag	regelmäßige Zahlung	contribution	المبلغ الثابت
das Fitnessstudio	Ort, an dem man Sportgeräte nutzen kann, um seinen Körper fit zu halten	gym	صالة اللياقة البدنية

13 Vereine und Sport

1. a) Welche Personen treffen sich in einem Sportverein?

____

b) Welche Sportarten kann ein Verein anbieten?

____

2. Nennen Sie die beliebteste Sportart der Deutschen.

____

3. Zählen Sie sechs Gründe auf, warum man in einen Sportverein gehen möchte.

____

____

4. Wo kann man sich ein Angebot über verschiedene Sportarten einholen?

____

5. a) Füllen Sie den Text mit den folgenden Wörtern richtig aus:
Verein, unsicher, Schnupperkurse

Ist man sich noch ______________________, welchen __________________ man auswählen möchte, bieten die meisten Vereine „__________________________________“ an.

b) Was versteht man unter dem Begriff „Schnupperkurs“?

____

6. a) Warum ist man als Vereinsmitglied versichert?

____

b) Was muss man monatlich bzw. jährlich zahlen?

____

7. Welche beiden Möglichkeiten gibt es, Sport zu machen, ohne einem Verein beizutreten?

____

14 Kunst – Musik – Theater

➪ **Kunst:**

Unter Kunst versteht man Fotos, Sammlungen, Gemälde, Skulpturen. Diese Kunst kann man sich in Museen, Ausstellungen und Galerien ansehen. Sie werden oft vom Staat finanziert und finden in öffentlichen Gebäuden, z. B. Rathäusern oder in einem zu einer Kirche gehörenden Gebäude statt. Jeder kann die Kunst dort besichtigen. Man sollte nach den Eintrittspreisen fragen. In einigen Ausstellungen und Galerien gibt es die Möglichkeit, die gezeigten Dinge zu kaufen.

➪ **Musik:**

Interessiert man sich für Musik, so kann man zu Opern, Konzerten oder zu **Festivals** gehen. In größeren Städten gibt es einen Musikplan, in dem man sich das Passende heraussuchen kann. Man kann z. B. zwischen klassischen Konzerten, Unterhaltungsmusik oder Popmusik wählen. Neben der Orts- und Zeitangabe steht der Hinweis, wie viel der Eintritt kostet. Viele Städte bieten auch spezielle Musicals an. Die Eintrittskarten hierfür sind aber oft sehr teuer.

➪ **Theater:**

Es besteht auch die Möglichkeit, sich Theateraufführungen anzusehen. Hierfür gibt es einen Spielplan, in dem die jeweiligen Theaterstücke und die Termine der Aufführungen genannt sind.

➪ **Instrument:**

Möchte man selbst ein Instrument spielen lernen, kann man sich an einer Musikschule anmelden. Die Musikschule verlangt einen Beitrag. Kann man diesen für sich oder seine Kinder nicht zahlen, so kann man einen Zuschuss beantragen. Zum Erlernen eines Instruments ist es nicht nötig, sich das Instrument zu kaufen, denn die Musikschulen haben die Möglichkeit, ein Instrument gegen eine geringe Gebühr zu verleihen oder man kann dort das Instrument spielen. Für Kinder ab drei Jahren gibt es die musikalische Früherziehung. Sie erlernen spielerisch die ersten Töne und Noten anhand eines Glockenspiels. Außer an der Musikschule, an der man auch Gesangs- oder Ballettstunden nehmen kann, gibt es noch weitere Angebote. So haben auch z. B. die Volkshochschulen (VHS) oder die Familienbildungsstätten Musikangebote.

➪ **Aufführungen:**

Plant man einen Theater- oder einen Konzertbesuch, sollte man rechtzeitig vorher Eintrittskarten kaufen, da beliebte Veranstaltungen schnell ausverkauft sind. Diese Karten erhält man entweder im Internet oder an den jeweilig genannten Vorverkaufsstellen, spätestens jedoch an der Abendkasse am Veranstaltungsort. Es kann dann aber sein, dass alle Karten ausverkauft sind. Ist man an vielen solcher Veranstaltungen interessiert, sollte man sich um ein Abonnement (kurz **Abo**) kümmern. Man erhält dann für jede Spielzeit, ob Theater oder Konzert, einen Spielplan und kann sich viele Vorführungen aussuchen. Ein Abo ist auch billiger als viele Einzelkarten.

das Festival	viele Aufführungen zu einem Thema in kurzer Zeit	festival	لاحتفال
das Abo	Vereinbarung zum längeren Bezug von z. B. verbilligten Eintrittskarten	subscription	الاشتراك

14 Kunst – Musik – Theater

1. Was versteht man unter Kunst?

2. Wo kann man diese Kunst ansehen?

3. Wo kann man sich Musik anhören?

4. Zwischen welchen Musikrichtungen kann man wählen?

5. Wohin geht man, wenn man ein Instrument spielen lernen möchte?

6. a) Für wen bietet die Musikschule eine musikalische Früherziehung an?

   b) Was wird dabei erlernt?

7. Wo kann man ebenfalls Musikangebote erhalten?

8. a) Warum sollten Theater- und Konzertkarten früh genug gekauft werden?

   b) Wo kann man diese Karten kaufen?

9. Wann sollte man sich um ein Abo kümmern?

15 Feiertage und Feste

Es gibt in Deutschland viele Feiertage, die einen christlichen Ursprung haben, so z.B. Weihnachten. Weihnachten beginnt mit dem Geburtstag von Jesus Christus am Heiligen Abend (24.12.). Dann folgen der erste und der zweite Weihnachtstag.

Doch schon vier Wochen vor Weihnachten beginnen Vorbereitungen und Vorfreude auf das Fest. So wird an den vier Sonntagen davor je eine Kerze am **Adventskranz** angezündet. Diese Zeit nennt man Adventszeit. Während der Adventszeit ist für die Kinder der 6.12. von großer Bedeutung. Es ist der Nikolaustag (Todestag des heiligen Nikolaus, eines Bischofs von Myra).
Die Kinder putzen am 5.12. ihre Schuhe oder Stiefel und stellen sie vor die Tür. Am nächsten Tag sind diese mit Süßigkeiten gefüllt (die Eltern übernehmen natürlich diese Aufgabe).
Ein Spruch, der in Deutschland bekannt ist, heißt: „Advent, Advent, ein Lichtlein brennt. Erst eins, dann zwei, dann drei, dann vier, dann steht das Christkind vor der Tür." Kinder öffnen an jedem Dezembertag bis zum 24.12. ein Türchen am Adventskalender. Dahinter versteckt sich dann eine Süßigkeit, ein kleines Spielzeug oder ein kleines Bild. So zählen sie die Tage bis Heiligabend. An diesem Tag wird ein geschmückter Tannenbaum in der Wohnung aufgestellt und es werden Kinder und Erwachsene beschenkt. Zahlreiche Menschen gehen um Mitternacht zur Kirche, nehmen an dem feierlichen Gottesdienst teil und sehen sich die aufgebaute Krippe an.

In vielen Orten gibt es Weihnachtsmärkte. Es werden dort Weihnachtsdekorationen oder Weihnachtsgeschenke, Glühwein (mit und ohne Alkohol), Waffeln, Bratwurst und viele andere Sachen verkauft. Während der Adventszeit werden in vielen Haushalten Plätzchen und andere weihnachtliche Kekse, Kipferl und Stollen gebacken.

Der 31. Dezember ist der letzte Tag im Jahr. Dieser Tag wird gefeiert. Mit Feuerwerk und Böllern wird das neue Jahr (1.1.) um Mitternacht (24:00 Uhr) begrüßt. Man stößt mit Sekt oder anderen Getränken an und wünscht sich gegenseitig für das neue Jahr alles Gute oder spricht andere gute Wünsche aus.

Im Frühjahr feiern die Christen Ostern. Das Osterfest beginnt mit Karfreitag, davor gibt es eine **Fastenzeit** von zwei Wochen zur Erinnerung an den Leidensweg Jesu, der dem Glauben nach am Karfreitag am Kreuz gestorben ist. Er ist aber am zweiten Tag danach auferstanden und in den Himmel gefahren. Dieser zweite Tag ist der Ostersonntag, der ein ganz besonderer Feiertag ist. Viele Menschen gehen zur Kirche und feiern dort die Wiedergeburt des Lebens. Kinder malen zu Ostern Eier bunt an und verschenken sie. Ostermontag ist ebenfalls noch ein Feiertag.

Ein weiterer wichtiger Feiertag ist der Tag der Deutschen Einheit. Er wird seit 1990 am 3. Oktober gefeiert, da dies der Tag der Wiedervereinigung zwischen Ost- und Westdeutschland war. Bis zu diesem Zeitpunkt gab es zwei deutsche Staaten (BRD und DDR).

der Adventskranz	Kranz aus Tannengrün mit aufgesteckten Kerzen	Advent crown	إكليل عيد الميلاد
die Fastenzeit	In dieser Zeit wird kein Fleisch oder Alkohol konsumiert.	Lent	فترة الصيام

15 Feiertage und Feste

1. a) Womit beginnt Weihnachten?

   b) Welche beiden Tage folgen auf Heiligabend?

2. Wie nennt man die Zeit vor Weihnachten?

3. Was wird an jedem Sonntag vor Weihnachten am Adventskranz angezündet?

4. a) An welchem Datum ist Nikolaus?

   b) Beschreiben Sie die Tätigkeit der Kinder vor diesem Tag.

5. Schreiben Sie den Spruch auf, der in Deutschland in der Adventszeit bekannt ist.

6. Was bedeutet der Adventskalender für die Kinder?

7. Warum gehen viele Menschen gerade am Heiligabend zur Kirche?

8. Was gibt es alles auf einem Weihnachtsmarkt?

9. Wie wird bei den meisten Menschen der 31. Dezember/Silvester gefeiert?

16 Kinderbetreuung und Kindergarten

Die meisten Eltern geben ihre Kinder in eine Kinderbetreuung. Dies kann folgende Gründe haben: Entweder arbeiten sie oder sie machen eine Ausbildung.

Kinder unter drei Jahren können in einer Kinderkrippe betreut werden. Ab dem dritten Lebensjahr nimmt sie ein Kindergarten oder eine Kindertagesstätte auf. Sie bekommen dort Mittagessen und haben ihre Mittagsruhe. Sie können mit anderen Kindern spielen und werden spielerisch auf die Schule vorbereitet. Wichtig ist auch der soziale Kontakt zu anderen Kindern. Die Kinder werden von ausgebildeten Erzieherinnen oder Erziehern angeleitet, indem sie ihnen zeigen, wie man z. B. einen Stift hält, sich die Schuhe zubindet oder mit anderen Kindern spricht. Sie machen mit ihnen Ausflüge oder lesen ihnen aus Büchern Geschichten vor.

Möchten Eltern ihre Kinder nicht in den Kindergarten geben, so können sie sich eine Tagesmutter suchen, die die Kinder entweder im Elternhaus oder bei sich zu Hause betreut. Wenn die Eltern einen Kindergartenplatz für ihr Kind haben möchten, müssen sie sich sehr früh darum kümmern. Sie können diese Anmeldung online machen oder persönlich zu der **Kita** gehen. Jede Gemeinde regelt es anders, darum sollte man sehr früh im Rathaus nach der Regelung fragen. Dort erhält man auch einen Übersichtsplan der jeweiligen Kindergärten bzw. Informationen über Tagesmütter.

Die Gebühren für Kindergärten und Kitas sind Ländersache. In Niedersachsen bezahlt man keine Kindergartengebühren, da sie vom Staat finanziert werden. Wenn nicht genug Kitaplätze vorhanden sind, übernimmt das Land Niedersachsen die Kosten für die Betreuung durch Tagesmütter.

In der **Vorschule** wird das Kind auf die Schule vorbereitet. Es ist das letzte Jahr vor der Einschulung. Die Kinder lernen in der Vorschule zum Beispiel zuzuhören, sich zu konzentrieren, erste Buchstaben und erste Zahlen zu schreiben. Sie lernen Formen und Farben kennen und machen Bewegungsübungen.

Kinder können auf öffentliche Spielplätze gehen. Dort spielen sie in Sandkästen, können schaukeln, klettern, wippen und rutschen. Eine erwachsene Person sollte auf die Kinder aufpassen.

die Kita	Abkürzung für Kindertagesstätte	children's day care centre	دور الرعاية النهارية للأطفال
die Vorschule	das letzte Jahr vor der Einschulung	preschool	مدرسة تحضيرية

16 Kinderbetreuung und Kindergarten

1. **Welche Gründe gibt es dafür, dass Eltern ihre Kinder in eine Kinderbetreuung geben?**

2. **Wie alt sind die Kinder, die in einer Kinderkrippe betreut werden?**

3. **a) Wo werden Kinder ab drei Jahren betreut?**

   b) Was lernen die Kinder hier?

4. **a) Von wem werden die Kinder betreut?**

   b) Womit verbringen die Kinder ihren Kindergartentag?

5. **Wo betreuen Tagesmütter die Kinder?**

6. **Eltern möchten ihre Kinder betreuen lassen. Wen können sie nach Möglichkeiten fragen?**

7. **Welche Aufgaben hat die Vorschule?**

17 Schule

Die Kinder werden zwischen dem 5. und 7. Lebensjahr eingeschult. Die Grundschulzeit dauert in der Regel vier Jahre. In der Zeit lernen die Kinder z. B. lesen, schreiben, rechnen, haben Kunst, Sport und Werken. Danach gehen sie auf eine weiterführende Schule. Mit dem **Halbjahreszeugnis** der 4. Klasse können die Eltern das Kind an einer weiterführenden Schule anmelden. Die Noten entscheiden, zu welcher Schule das Kind gehen kann. Dem Zeugnis kann ein **Empfehlungsschreiben** der Lehrkräfte beigelegt werden.

Die allgemeine Schulpflicht endet nach zehn Schuljahren.

Einteilung der Schulen

Grundschule
↓
weiterführende Schulen

↓

Hauptschule	Realschule	Oberschule*	Gesamtschule (IGS)
Klassen 5-10	Klassen 5-10	Klassen 5-10	Klassen 5-13

↓

	Hauptschule/ Gesamtschule	Hauptschule/ Realschule	Hauptschule/ Realschule/ integrierte Oberstufe

↓

Hauptschulabschluss	Hauptschul-abschluss/ Realschulabschluss	Hauptschul-abschluss/ Realschulabschluss	Hauptschul-abschluss/ Realschulabschluss/ Abitur

* In Deutschland haben die Länder die „Kulturhoheit“, das heißt, dass das Schulwesen in jedem Bundesland anders geregelt und organisiert sein kann. Dies gilt ganz besonders für die Oberschulen, die z. B. in Bayern oder in Baden-Württemberg völlig andere Aufgaben haben als etwa in Niedersachsen.

das Halbjahreszeugnis	Beurteilung zur Hälfte des Schuljahres (Ende Januar)	mid-year report	شهادة نصف العام
das Empfehlungs-schreiben	Ratschläge der Lehrer für weiterführende Schulen	letter of recommendation	خطاب بالتطعيم

17 Schule

1. a) Wie alt sind die Kinder, wenn sie eingeschult werden?

   b) Wie lange dauert die Grundschulzeit?

2. Was lernen die Kinder in der Grundschule? Nennen Sie sechs Beispiele.

3. Was entscheidet, auf welche weiterführende Schule das Kind geht?

4. Welche weiterführenden Schulen gibt es?

5. Nach wie vielen Schuljahren endet die allgemeine Schulpflicht?

6. Nach wie viel Schuljahren kann man

   a) den Hauptschulabschluss,

   b) den Realschulabschluss,

   c) das Abitur erhalten?

18 Ausbildung und Studium

Wenn man die Schule mit einer Prüfung abgeschlossen hat, muss man überlegen, wie es weiter geht. Man kann an einer Fachhochschule studieren, wenn man eine Fachhochschulprüfung bestanden oder die fachgebundene Hochschulreife gemacht hat. Hat man an einer allgemeinbildenden Schule das Abitur gemacht, kann man sowohl an einer Fachhochschule als auch an einer Universität (Hochschule) studieren.

Es ist aber auch möglich, eine Ausbildung in einem Betrieb zu machen. Mit einem Hauptschulabschluss oder einem Fachoberschulabschluss kann man unterschiedliche Ausbildungsberufe erlernen. Hierfür bewirbt man sich bei einem Betrieb seiner Wahl. Wenn man dort angenommen wird, wird man durch den Betrieb an der entsprechenden Berufsschule angemeldet, denn Betrieb und Berufsschule arbeiten eng zusammen (duales System). Die Ausbildung dauert meist drei Jahre. Man geht in der Woche ein bis zwei Tage zur Berufsschule, die übrige Zeit arbeitet man im Betrieb.
Während der Ausbildung verdient man bereits Geld. Nach bestandener Prüfung hat man die Möglichkeit, wenn der Betrieb mit der Leistung zufrieden war, dort zu bleiben oder in einen anderen Betrieb zu wechseln.
Es gibt aber auch schulische Ausbildungen, die einen Praxisanteil haben (z. B. die Ausbildung zur Erzieherin/Erzieher). Wenn man sich noch unsicher ist, was man nach einer bestandenen Prüfung machen möchte, hat man die Möglichkeit, sich beraten zu lassen. Hierbei können die Berufsberater der Agentur für Arbeit, Messen zur Berufsorientierung oder Studienberater weiterhelfen.

Ist man zu dem Entschluss gekommen zu studieren und hat sich für eine Fachrichtung entschieden, kann man sich bei einer Universität bewerben. Um festzustellen, welche Universität die Richtige ist und ob dort noch Studienplätze frei sind, kann man im Internet unter www.hochschulkompass.de nachsehen.

Es gibt viele Fachrichtungen, die einen Numerus Clausus haben, d. h. dort werden nur solche Personen angenommen, die mindestens einen für die Fachrichtung vorgeschriebenen Notendurchschnitt haben. Für viele dieser Fächer kann man den Notendurchschnitt verbessern, indem man ein freiwilliges soziales Jahr (FSJ) z. B. bei der Feuerwehr, beim Technischen Hilfswerk, in Heimen für Behinderte oder im Umwelt– oder Naturschutz ableistet.

Bei der Bewerbung zum Studium muss man auf die Anmeldefristen achten und ob das Studium im Sommer- oder Wintersemester anfängt. Für die meisten technischen Studienfächer muss man vorher ein **Praktikum** abgeleistet haben.
Der erste akademische Studienabschluss kann schon nach vier Semestern erfolgen (ein Semester sind drei Monate Vorlesungen und Seminare und drei Monate Aufarbeitung des vermittelten Stoffes/Lernen). Die Semesterzahl kann sich erhöhen, wenn man einige Prüfungen nicht bestanden oder die entsprechende Abschlussarbeit noch nicht beendet hat.
Diesen ersten bestandenen Abschluss nennt man Bachelor. Möchte man noch weitere Semester studieren, kann man den zweiten akademischen Abschluss machen, den Master. Diesen Abschluss erhält man, wenn man weitere Prüfungen abgelegt und eine entsprechende wissenschaftliche Arbeit abgegeben hat.

das Praktikum	Tätigkeit in einem Betrieb zum Kennenlernen der Fachrichtung	internship	التدريب العملي

18 Ausbildung und Studium

1. Welche schulischen Voraussetzungen sind für eine Ausbildung nötig?

2. Beschreiben Sie die Ausbildung im dualen System.

3. Welche Möglichkeiten hat man, wenn man seine Ausbildung in einem Betrieb beendet hat?

4. Welche Studienmöglichkeiten hat man, nachdem man die Schule beendet hat?

5. Was findet man im Internet unter www.hochschulkompass.de?

6. Was ist ein Numerus Clausus?

7. Was muss bei einer Bewerbung um einen Studienplatz beachtet werden?

8. Wie findet man heraus, welche Unterlagen für eine Hochschulanmeldung benötigt werden?

9. a) Wie lange dauert ein Semester?

   b) Wie teilt sich dieser Zeitraum auf?

10. a) Wie heißen die ersten akademischen Abschlüsse?

    b) Wann bekommt man diese Abschlüsse?

19 Deutsch lernen

Kommt man nach Deutschland, sollte man so schnell wie möglich die deutsche Sprache erlernen, denn nur dann kann man sich mit anderen Menschen verständigen und seine beruflichen und privaten Wünsche äußern.

Um die deutsche Sprache zu erlernen und um sich zu **integrieren** gibt es mehrere Möglichkeiten:

- Man geht zu einem **Kurs**, in dem man nicht nur die deutsche Sprache lernt, sondern auch alles über seine neue Heimat und sein Umfeld.

Diese Kurse werden von Volkshochschulen (VHS), Verbänden oder Sprachschulen angeboten. Nähere Auskünfte bekommt man entweder bei der Agentur für Arbeit, bei Ausländerbehörden oder bei Migrationsberatungen.

- Hat man bereits einige deutsche Sprachkenntnisse, es fehlen aber noch spezielle Begriffe für die Berufstätigkeit, so kann man in einen Kurs gehen, der diese Fachbegriffe vermittelt. Das Bundesamt für Migration und Flüchtlinge oder andere Einrichtungen bieten Programme an, die auf diese deutschen Begriffe bei der Arbeit eingehen.
- Eine Voraussetzung für ein Studium ist, dass man die deutsche Sprache beherrscht. Hierfür bieten die Universitäten (Hochschulen) vor Beginn und während des Studiums Deutschkurse an, um auf die Deutschprüfung vorzubereiten. Wenn es nötig ist, dass man an solchen Kursen teilnehmen muss, kann man sich an Studienberatungen, internationale Büros oder an akademische Auslandsämter wenden.

- Möchte man die ersten deutschen Wörter lernen, gibt es im Internet dazu die Möglichkeit unter www.goethe.de/de/spr/ueb.html des Goetheinstitutes „Willkommen - Deutsch lernen für Flüchtlinge“ oder unter www.iwdl.de des Deutschen Volkshochschulverbandes „ich-will-deutsch-lernen“. Man kann auch zu seiner Gemeindeverwaltung gehen, um nach Deutschkursen zu fragen. Hier gibt es ehrenamtliche Mitarbeiter, die in Kursen Deutsch unterrichten.

sich integrieren	sich einfügen	to integrate	يندمج
der Kurs	mehrere regelmäßig aufeinanderfolgende Termine, bei denen man meist in einer Gruppe etwas lernt	course	الدورة

19 Deutsch lernen

1. Warum sollte man, wenn man nach Deutschland kommt, so schnell wie möglich die deutsche Sprache lernen?

____

____

2. Wer bietet Deutschkurse an?

____

3. Wo bekommt man Auskünfte, wenn man einen Deutschkurs machen möchte?

____

____

4. Wo kann man spezielle Begriffe für seine Berufstätigkeit erlernen?

____

5. Füllen Sie folgenden Text mit diesen Begriffen richtig aus:

deutsche Sprache, Studium

Eine Voraussetzung für ein ____________________ ist, dass man die ____________________ ____________________ beherrscht.

6. Was bieten die Universitäten

a) vor Beginn des Studiums an?

____

b) Warum tun sie dies?

____

7. An wen kann man sich wenden, wenn man an solchen Kursen teilnehmen möchte?

____

____

8. Wo kann man erste deutsche Wörter lernen?

____

____

20 Arbeit und Jobs

Die Flüchtlinge, die nach Deutschland kommen, erhoffen sich nicht nur Sicherheit für sich und ihre Familien, sie möchten auch gerne arbeiten. Die Agentur für Arbeit ist eine Möglichkeit, um sich beraten zu lassen und sich arbeitssuchend zu melden. Die Berufsberaterin/der Berufsberater versucht, eine passende Arbeit zu finden. Jeder kann aber selbst nach Stellenangeboten in Zeitungen und **Jobbörsen** im Internet suchen. Auch auf den Homepages der verschiedenen Unternehmen werden Stellen angeboten.
Nicht jeder im Ausland erworbene Abschluss wird in Deutschland **anerkannt**. Nähere Informationen dazu kann man im Internet unter www.anerkennung-in-deutschland.de finden.

Es gibt auch Minijobs (Verdienst von 450,00 € im Monat). Es müssen weder Steuern noch Sozialabgaben gezahlt werden. Bei einer Tätigkeit, bei der man über 450,00 € im Monat verdient, werden Steuern und Sozialabgaben abgezogen.

Man kann sich in Deutschland auch selbstständig machen. Dies ist jedoch mit einem Risiko verbunden und man braucht meist viel Geld für eine Existenzgründung.

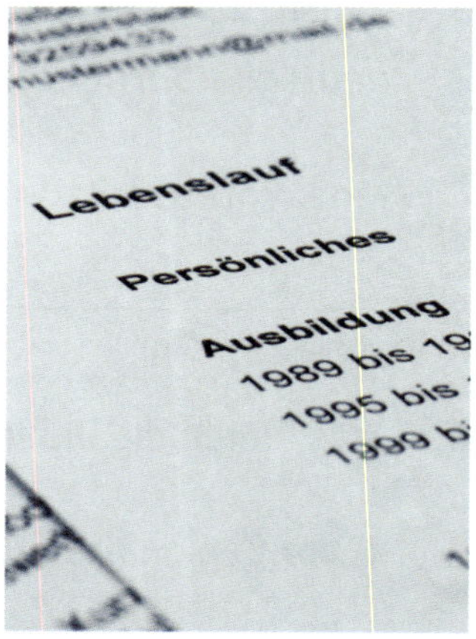

Wenn man sich für ein Stellenangebot interessiert, schreibt man eine Bewerbung. Diese besteht aus einem Anschreiben, einem Lebenslauf sowie weiteren Anlagen. Man kann sich sowohl per Post als auch online bewerben.
Im Anschreiben sollte Folgendes stehen:

- Anrede,
- für welche Stelle man sich bewirbt,
- warum man sich gerade dieses Unternehmen ausgesucht hat,
- warum man für dieses Stellenangebot geeignet ist,
- welche Erfahrungen man für diese Stelle mitbringt,
- zum Abschluss: Mit freundlichen Grüßen.

Dann folgt der Lebenslauf mit folgenden Angaben:

- Vor- und Zuname,
- Adresse,
- Geburtsort und -datum,
- Schulabschluss,
- Berufserfahrung,
- Sprachkenntnisse,
- besondere weitere Kenntnisse,
- Hobbys.

Beim Lebenslauf sind Unterschrift und ein Foto nicht mehr unbedingt nötig. Folgendes sollte als Anlage dazugelegt werden:

- Schul- und Abschlusszeugnis,
- Bescheinigungen über ausgeübte Tätigkeiten.

Die Bewerbung mit allen Unterlagen ist in deutscher Sprache abzugeben.

die Jobbörse	Auflistung freier Stellen auf dem Arbeitsmarkt	job portal	سوق العمل
anerkannt werden	Bestätigung, dass ein Abschluss einem deutschen Abschluss gleichwertig ist	to be recognised	عترف به

20 Arbeit und Jobs

1. Wo kann man sich arbeitssuchend melden und sich beraten lassen?

2. Was kann man selbst tun, um eine Arbeit zu finden?

3. Nennen Sie die Stellen, bei denen man Informationen erhält, ob ein Abschluss in Deutschland anerkannt wird.

4. a) Wie bezeichnet man einen 450-Euro-Job?

   b) Wann wird bei einem Verdienst nichts abgezogen?

5. Ab welchem Verdienst werden Steuern und Sozialabgaben abgezogen?

6. Was versteht man unter Teilzeitarbeit?

7. Wann spricht man von Vollzeitarbeit?

8. Was schreibt man, wenn man sich für ein Stellenangebot interessiert?

9. Aus welchen Teilen setzt sich die Bewerbung zusammen?

10. Welche beiden Möglichkeiten gibt es, sich zu bewerben?

21 Fortbildung und Weiterbildung

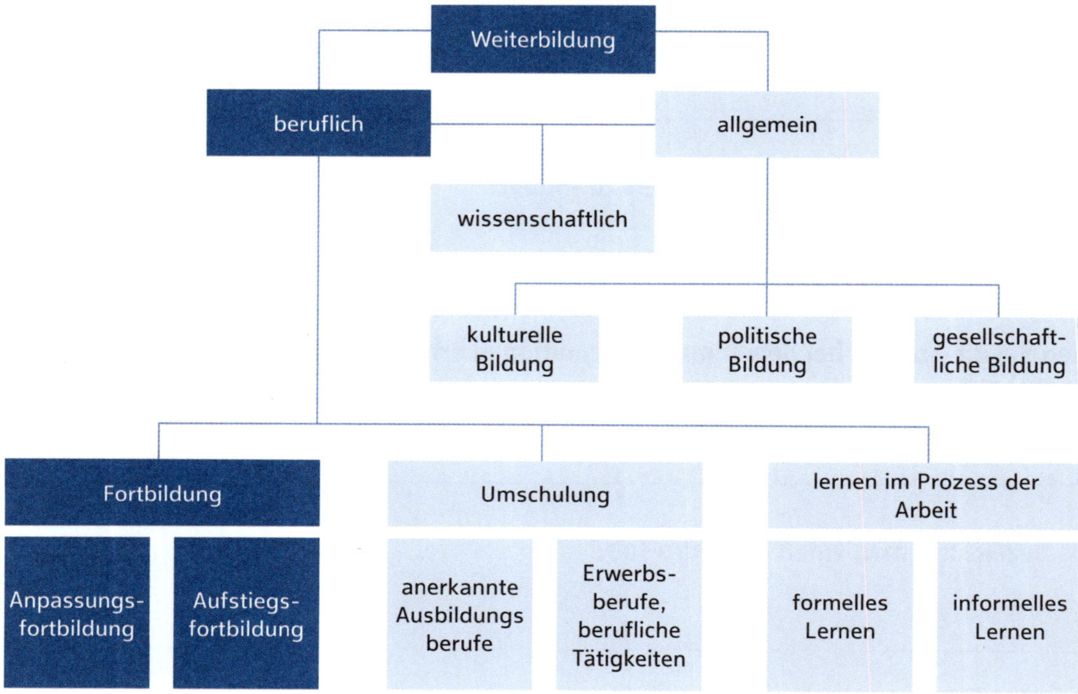

Um eine Arbeit zu finden, muss man **qualifiziert** sein. Sollten noch Kenntnisse fehlen, bieten sich Fort- und Weiterbildungen an. Man kann in jedem Lebensalter sein Wissen erweitern, um immer **auf dem Laufenden zu sein**. Man kann sein Wissen in Kursen und Seminaren erweitern. Diese können entweder am Wochenende oder in den Abendstunden liegen. So bieten Volkshochschulen (VHS) und Verbände z.B. Computer- und Deutschkurse an.

Wenn man in seinem erlernten Beruf keinen Arbeitsplatz bekommt, kann man sich umschulen lassen. Durch die Umschulung kann man einen anderen Beruf erlernen. Dies wird durch die Agentur für Arbeit unterstützt und finanziert. Man kann auch ein Fernstudium machen. Hierfür lernt man anhand von Onlineaufgaben für die Prüfung von zu Hause aus. Für die eigentliche Prüfung muss man dann aber zur Hochschule reisen.

Diese Möglichkeit wird von speziellen Hochschulen und Fachhochschulen angeboten; sie heißen meist Fernuniversität. Das Onlinelernen wird auch als E-Learning bezeichnet. Es besteht hierbei die Möglichkeit, einen Bachelor- oder einen Masterabschluss zu erwerben. Es gibt auch private Fernschulen, bei denen man mit Material von der Schule zu Hause für eine Prüfung bei der **IHK** oder der **Handwerkskammer** lernt, um einen Berufsabschluss zu bekommen. Die Kammern haben oft auch eigene Weiterbildungsprogramme.

qualifiziert sein	geeignet durch Fähigkeiten oder Berufsabschluss	to be qualified	يكون مؤهلاً
auf dem Laufenden sein	moderne berufliche Kenntnisse	to be up to date	يتابع المستجدات
die IHK	Industrie- und Handelskammer (vorwiegend zuständig für Büroarbeiten)	Chamber of Industry and Commerce	غرفة الصناعة والتجارة
die Handwerkskammer	vorwiegend zuständig für Handwerksbetriebe und -berufe	Chamber of Crafts	غرفة الصناعات الحرفية

21 Fortbildung und Weiterbildung

1. **Warum sollte man an Fort- und Weiterbildungsmaßnahmen teilnehmen?**

____

2. **a) Wann finden hierzu Kurse und Seminare statt?**

____

b) Wer bietet sie an?

____

3. **Füllen Sie den Text richtig aus:**
Arbeitsplatz, erlernten Beruf, umschulen

Wenn man in seinem ____________ ____________ keinen ____________ bekommt, kann man sich ____________ lassen.

4. **Wer unterstützt und finanziert die Umschulung?**

____

5. **Erklären Sie, wie ein Fernstudium funktioniert.**

____

____

6. **Wer bietet ein Fernstudium an?**

____

7. **Wie bezeichnet man das Onlinelernen noch?**

____

8. **Welche Abschlüsse kann man bei einem Fernstudium bekommen?**

____

9. **In welche drei Bereiche wird die berufliche Weiterbildung unterteilt?**

____

____

22 Verkehrsregeln und Sicherheit

Am Straßenverkehr nimmt man teil als

- ➪ Autofahrer,
- ➪ Fußgänger,
- ➪ Fahrradfahrer.

Als Autofahrer sollte man Folgendes beachten:

- ➪ auf die Verkehrsschilder achten,
- ➪ auf die Ampeln achten, d.h. bei Rot anhalten, bei Grün fahren,
- ➪ wenn kein Verkehrsschild auf die Vorfahrt hinweist, gilt rechts vor links,
- ➪ während des Autofahrens darf das Mobiltelefon nicht benutzt werden,
- ➪ vor der Fahrt muss sich jeder anschnallen, der im Auto mitfährt,
- ➪ die Verkehrsregeln einhalten,
- ➪ rücksichtsvoll und vorausschauend fahren,
- ➪ keinen Alkohol trinken.

Bei Fußgängern gilt:

- ➪ an der Ampel bei Grün gehen, bei Rot stehen,
- ➪ einen Zebrastreifen benutzen,
- ➪ gibt es weder eine Ampel noch einen Zebrastreifen, geht man erst über die Straße, nachdem man nach links, dann nach rechts und noch einmal nach links gesehen und überprüft hat, dass die Straße frei ist,
- ➪ im Dunklen möglichst helle Kleidung tragen, um besser gesehen zu werden.

Beim Fahrradfahren ist folgendes zu beachten:

- ➪ mit dem Arm beim Abbiegen die Richtung anzeigen,
- ➪ auf die Verkehrsampeln achten, d.h. bei Grün das Fahrrad schieben oder fahren, bei Rot anhalten,
- ➪ auf Zebrastreifen das Rad schieben und nicht fahren,
- ➪ immer den **Fahrradweg** (Verkehrsschilder zeigen ihn an) bzw. die rechte Straßenseite benutzen,
- ➪ Kinder dürfen auf dem Fußweg (Bürgersteig) oder auf dem Fahrradweg fahren,
- ➪ Fahrradlicht im Dunkeln anschalten,
- ➪ Fahrradhelm tragen,
- ➪ kein Mobiltelefon während der Fahrt benutzen,
- ➪ auf jedem Fahrrad darf nur eine Person fahren (außer Tandemrad).

Verkehrszeichen, die die Vorfahrt regeln:

Vorfahrtsstraße

Halt!
Vorfahrt gewähren

Vorfahrt gewähren

Vorfahrt
(nur für diese Kreuzung)

der Fahrradweg	Weg oder Spur für Radfahrer, oft in roter Farbe	bicycle path	طريق الدراجات

22 Verkehrsregeln und Sicherheit

1. Nennen Sie drei Teilnehmer des Straßenverkehrs.

____

2. a) Was sollte man tun, wenn man beim Radfahren abbiegen möchte?

____

b) Bei welcher Ampelfarbe darf man das Fahrrad über die Straße schieben?

____

c) Was muss bei Dunkelheit am Fahrrad eingeschaltet sein?

____

d) Was müssen Kinder und Erwachsene unbedingt beim Fahrradfahren auf dem Kopf tragen?

____

3. a) Wie sollte sich ein Fußgänger an einer Ampel verhalten?

____

b) Wie sollte er sich verhalten, wenn es keinen Zebrastreifen gibt?

____

4. Was muss jeder Autofahrer beachten? Zählen Sie fünf Beispiele auf.

____

____

____

____

5. Schreiben Sie die Bedeutungen der jeweiligen Verkehrsschilder auf.

____

____

____

____

23 Öffentliche Verkehrsmittel

Wenn man nicht selbst mit dem Auto fährt, kann man mit Bussen oder Bahnen fahren (öffentliche Verkehrsmittel). Es gibt Straßenbahnen und U-Bahnen. Der Unterschied zwischen Straßenbahn und U-Bahn ist, dass die Straßenbahn auf Schienen auf der Straße fährt und die U-Bahn unter der Straße in Tunnelsystemen (U-Bahn = Untergrundbahn). Sie fährt ebenfalls auf Schienen. Im Tunnel fährt sie sehr schnell. Die S-Bahn fährt von Stadt zu Stadt, von Stadtteil zu Stadtteil oder von der Stadt zum Flughafen. Sie fährt auf Schienen von Bahnhöfen ab.

Plant man eine **Fernreise**, so kann man entweder mit dem Flugzeug fliegen oder mit der Bahn fahren. Es besteht die Wahlmöglichkeit zwischen einem IC, einem ICE oder einer Regionalbahn. Die Regionalbahn fährt innerhalb eines größeren Gebietes und hält an vielen Bahnhöfen an. Die Fahrt dauert daher länger. Schneller fährt man mit dem IC oder ICE. Sie fahren sehr schnell, halten nicht an jedem Bahnhof an und fahren durch ganz Deutschland und sogar in die Nachbarländer.

Einige Busunternehmen bieten ebenfalls Fernreisen an. Die Fernreisebusse fahren zu größeren Städten. Die Fahrkarten sind oft billiger als die der Bahn. Die Fahrtzeit ist aber länger. Eine Fahrkarte bekommt man entweder am Fahrkartenautomaten oder vorab im Internet.
Wenn man kurze Strecken fährt, kann man die Fahrkarte direkt beim Busfahrer kaufen.

Für Pendler ist es ratsam, eine Monats- oder Jahresfahrkarte (Ticket) zu kaufen, weil sie pro Fahrt weniger kostet als eine Einzelfahrkarte. Für Jugendliche, Auszubildende und Kinder sind die Fahrkarten billiger.
Bei einer Fernreise muss die Fahrkarte vorher online, am Automaten im Bahnhof oder an einer Bahnhaltestelle gekauft werden.
Steht der Reisetermin schon längere Zeit vorher fest, kann man die Spartarife der Bahn nutzen. Möchte man den Spartarif nutzen, so muss man sich an den dafür vorgeschriebenen Zug, die Uhrzeit und das Datum halten.

Man darf nur mit der Bahn oder dem Bus fahren, wenn man eine gültige Fahrkarte hat, sonst fährt man „schwarz". Schwarzfahren ist verboten und man muss, wenn man erwischt wird, Strafe zahlen. Fährt man öfter schwarz und wird dabei jedes Mal erwischt, kann der **Kontrolleur** diese Person anzeigen. Hat man eine Fahrkarte, die nicht am Automaten abgestempelt ist, gilt das ebenfalls als Schwarzfahren. Stempelautomaten befinden sich entweder in Bussen und Straßenbahnen oder direkt neben dem Fahrkartenautomaten. Funktionieren die Stempelautomaten nicht, so sagt man es dem Kontrolleur. Dieser stempelt die Fahrkarte dann ab.

die Fernreise	eine größere Reise von einer Stadt in eine andere oder ins Ausland	long-distance journey	رحلة لمسافة طويلة
der Kontrolleur	Person, die Fahrscheine kontrolliert	ticket inspector	المُفتش

23 Öffentliche Verkehrsmittel

1. **Was versteht man unter öffentlichen Verkehrsmitteln?**

2. **Wann kann man das Flugzeug nutzen?**

3. **a) Was ist eine Straßenbahn?**

   b) Was ist eine U-Bahn?

4. **a) Wann ist es sinnvoll, mit einer Regionalbahn zu fahren?**

   b) Wann sollte man mit dem IC oder dem ICE fahren?

5. **Welche Fahrkarte sollten sich Pendler kaufen und warum?**

6. **Für welche Personen gibt es billigere Fahrkarten?**

7. **a) Wie bezeichnet man es, wenn man ohne Fahrkarte fährt?**

   b) Was passiert, wenn man dabei erwischt wird?

8. **Was sollte man beim Ein- und Aussteigen beachten?**

24 Krankenkassen

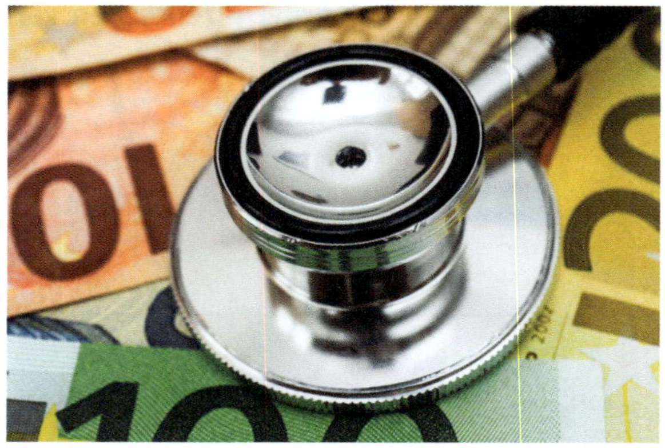

Jeder muss eine Krankenversicherung haben. Sie bezahlt den Arztbesuch, die Medikamente, einen Krankenhausaufenthalt oder übernimmt einen Teil einer Kur. Wenn man einen Arbeitsplatz hat und längere Zeit krank ist, bekommt man nach dem Ende der Lohnfortzahlungsfrist des Arbeitgebers von der Krankenversicherung Krankengeld.

Es gibt viele Krankenversicherungen. Die Basisleistungen sind bei allen gleich, aber die Zusatzleistungen können z. B. bei einer Kur oder bei einer speziellen Behandlung unterschiedlich sein. Es gibt gesetzliche Krankenversicherungen. Sie sind Pflichtversicherungen. In ihr sind alle Arbeitnehmer versichert.

Beamte, Selbstständige oder Personen, die sehr viel verdienen, können sich privat versichern lassen. Die zu zahlenden Beiträge sind viel höher als bei den gesetzlichen Krankenkassen.

Wenn jemand arbeitslos oder arbeitssuchend ist, bezahlt die Agentur für Arbeit die Beiträge für die Krankenversicherung. Bekommt jemand Sozialhilfe, werden die Kosten vom Sozialamt übernommen. Kinder, Schülerinnen/Schüler und Studierende bis 25 Jahre sind bei den Eltern mitversichert.

Die Krankenversicherung übernimmt aber nicht alle Kosten. So müssen Erwachsene in der Apotheke oder im Krankenhaus einen Eigenanteil zahlen. Verdienen Personen aber sehr wenig Geld oder sind sie **chronisch** krank, müssen sie keinen Eigenanteil zahlen. Dies gilt ebenfalls für Kinder und Jugendliche.

Die gesetzlichen Krankenkassen übernehmen im Ausland nur in den Ländern Kosten, mit denen Deutschland ein Sozialversicherungsabkommen hat. Für Fernreisen muss man daher zusätzlich eine Auslandskrankenversicherung abschließen.

die chronische Krankheit	nicht heilbare Krankheit, dauerhaft behandlungsbedürftig	chronic illness	المرض المزمن

24 Krankenkassen

1. **Was bezahlt die Krankenversicherung?**

2. **Was erhält man von der Krankenversicherung, wenn man längere Zeit krank ist?**

3. **Wer ist in der gesetzlichen Krankenkasse versichert?**

4. **Wer ist in der privaten Krankenversicherung versichert?**

5. **Wer bezahlt die Beiträge für die Krankenversicherung, wenn jemand arbeitslos oder arbeitssuchend ist?**

6. **Wer übernimmt die Kosten für die Krankenversicherung, wenn jemand Sozialhilfe bekommt?**

7. **Wer ist bei den Eltern mitversichert?**

8. **Wann müssen Erwachsene einen Eigenanteil zahlen?**

9. **Wann müssen Erwachsene keinen Eigenanteil zahlen?**

10. **Wer braucht ebenfalls keinen Eigenanteil zu zahlen?**

25 Ärzte, Apotheken, Krankenhäuser

Jeder kann seinen Arzt frei wählen. Gesetzlich versicherte Personen müssen darauf achten, dass der Arzt eine Zulassung der gesetzlichen Krankenkassen hat und nicht nur privat Versicherte behandelt. Es ist ratsam, sich eine Ärztin/einen Arzt als Allgemeinmediziner auszusuchen, da er der **Hausarzt** sein soll. Der Hausarzt kennt sich mit fast allen Krankheiten aus. In besonderen Fällen kann er den Patienten an einen Facharzt überweisen.

Fachärzte sind z. B.:

- Augenärzte,
- Zahnärzte,
- Hautärzte,
- Frauenärzte,
- **Internisten,**
- **Orthopäden.**
- Kinderärzte,
- **Psychologen/Psychiater,**

Wird von der Ärztin/dem Arzt ein Rezept geschrieben, auf dem Medikamente stehen, so geht man damit zur Apotheke. Die Krankenkasse bezahlt der Apotheke die Medikamente. Man muss nur eine geringe Zuzahlung leisten.

Es gibt aber auch Medikamente, für die man kein Rezept braucht, die man aber nur in der Apotheke bekommt (apothekenpflichtige Medikamente). Diese Medikamente werden nicht von der Krankenkasse bezahlt, man muss sie also selbst bezahlen.

In Drogerie- oder Lebensmittelmärkten bekommt man auch einige Medikamente oder „Nahrungsergänzungsmittel". Sie sind z. B. auf pflanzlicher Basis. Allerdings sollte man sich hier vorher von einem Mediziner beraten lassen.

Stellt die Ärztin/der Arzt fest, dass man so krank ist, dass man in ein Krankenhaus gehen muss, so wird eine Einweisung ausgestellt.

Wenn man am Wochenende oder nach der Sprechstunde des Hausarztes krank wird, hat man die Möglichkeit, den Notdienst der Ärzte anzurufen. Die Telefonnummer findet man in der Tageszeitung oder im Internet. Man kann auch selbst in ein Krankenhaus fahren. Dies sollte man aber nur in schwerwiegenden Notfällen tun. Man kann auch den Notruf unter der Telefonnummer 110 anrufen.

Vorsorgeuntersuchungen sind in Deutschland sehr wichtig. Es gibt z. B. die Krebsvorsorge für Frauen und Männer und den Gesundheitscheck alle zwei Jahre für Menschen ab dem 35. Lebensjahr.

der Hausarzt	oft Facharzt für Allgemeinmedizin; der Arzt, zu dem man immer zuerst gehen sollte	general practitioner/family doctor	طبيب العائلة
der Internist	Facharzt für innere Krankheiten, wie z. B. Infektionen	internal medicine specialist	طبيب الباطنة
der Orthopäde	Facharzt für Krankheiten an Knochen, Muskeln, Gelenken	orthopaedic specialist	طبيب العظام
der Psychologe/ der Psychiater	Facharzt für seelische oder geistige Krankheiten	psychologist/ psychiatrist	الطبيب النفسي/ المعالج النفسي

25 Ärzte, Apotheken, Krankenhäuser

1. **Worauf müssen gesetzlich versicherte Personen bei der Arztwahl achten?**

2. **Warum sollte man einen Hausarzt haben?**

3. **Wo geht man mit einem Rezept hin?**

4. **Wie nennt man die Medikamente, die man ohne Rezept in der Apotheke bekommt?**

5. **Wann stellt der Hausarzt eine Überweisung aus?**

6. **Welche Möglichkeiten hat man, wenn man am Wochenende, an Feiertagen oder nach der Sprechstunde krank wird?**

7. **Wo findet man die Telefonnummer der Notdienstärzte?**

8. **Zählen Sie fünf Fachärzte auf.**

9. **Wie oft sollten Männer und Frauen zum Gesundheitscheck gehen?**

26 Umgang mit Beschneidung in Deutschland

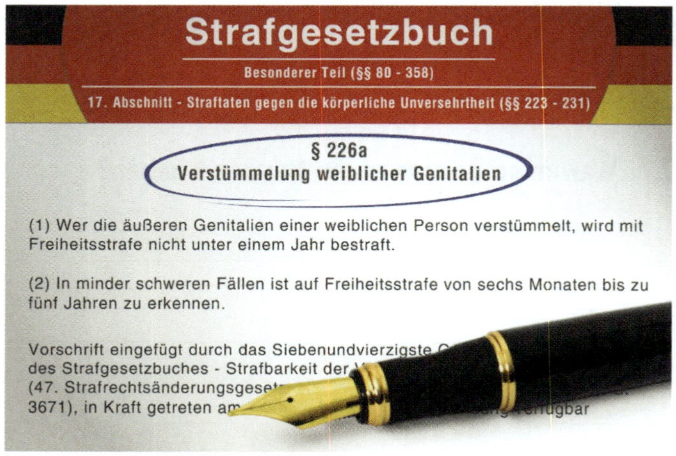

Auch in Deutschland werden jüdische und muslimische Jungen aus religiösen Gründen beschnitten. Dies hat eine **Debatte** im Jahr 2012 ausgelöst. Es wurde beschlossen, dass in Deutschland unter bestimmten Voraussetzungen die Beschneidung von Jungen erlaubt wird.

Der Bundestag hat entschieden, dass die Eltern wählen dürfen, ob die Beschneidung stattfinden soll oder nicht. Dabei darf nicht das Kindeswohl gefährdet werden, d. h., dass der Eingriff risikolos für das Kind sein muss.

In den ersten sechs Monaten nach der Geburt des Kindes dürfen Personen einer Religionsgemeinschaft die Beschneidung vornehmen, die dazu speziell ausgebildet sind. Sie müssen nicht Arzt sein, aber vergleichbare Fähigkeiten haben. Ist der Junge älter als sechs Monate, darf die Beschneidung nur von einem Facharzt (**Urologen**) vorgenommen werden, der den Eingriff schonend vornimmt. Die Eltern müssen die Beschneidung bezahlen, da die Krankenkasse sie nur bezahlt, wenn der Arzt sie für nötig hält.

Mädchen dürfen in Deutschland nicht beschnitten werden, dies wird mit einer Freiheitsstrafe zwischen sechs Monaten und fünf Jahren bestraft.

§ 1631d BGB Beschneidung des männlichen Kindes

(1) Die Personensorge umfasst auch das Recht, in eine medizinisch nicht erforderliche Beschneidung des nicht einsichts- und urteilsfähigen männlichen Kindes einzuwilligen, wenn diese nach den Regeln der ärztlichen Kunst durchgeführt werden soll. Dies gilt nicht, wenn durch die Beschneidung auch unter Berücksichtigung ihres Zwecks das Kindeswohl gefährdet wird.

(2) In den ersten sechs Monaten nach der Geburt des Kindes dürfen auch von einer Religionsgesellschaft dazu vorgesehene Personen Beschneidungen gemäß Absatz 1 durchführen, wenn sie dafür besonders ausgebildet und, ohne Arzt zu sein, für die Durchführung der Beschneidung vergleichbar befähigt sind.

§ 226a StGB Verstümmelung weiblicher Genitalien

(1) Wer die äußeren Genitalien einer weiblichen Person verstümmelt, wird mit Freiheitsstrafe nicht unter einem Jahr bestraft.

(2) In minder schweren Fällen ist auf Freiheitsstrafe von sechs Monaten bis zu fünf Jahren zu erkennen.

die Debatte	lebhafte Diskussion, Auseinandersetzung, Streitgespräch	debate	النقاش
der Urologe	Facharzt für Niere, Harnblase, Harnleiter und Harnröhre	urologist	طبيب المسالك البولية

26 Umgang mit Beschneidung in Deutschland

1. Wer erlaubt es, dass eine Beschneidung in Deutschland möglich ist?

2. a) Wer wird auch in Deutschland beschnitten?

   b) Warum werden sie beschnitten?

3. Wer darf entscheiden, ob eine Beschneidung stattfindet oder nicht?

4. a) Von wem darf ein Kind in den ersten sechs Monaten nach der Geburt beschnitten werden?

   b) Wer darf die Beschneidung vornehmen bei einem Jungen, der älter als sechs Monate ist?

   c) Wer muss diese Beschneidung bezahlen?

5. a) Wer bezahlt die Kosten nur in Ausnahmefällen?

   b) Warum wird dies dann bezahlt?

6. a) Wer darf in Deutschland nicht beschnitten werden?

   b) Was hat dies in Deutschland zur Folge?

27 Wohlfahrtsverbände

Wohlfahrtsverbände sind Vereine, die einzelnen Menschen oder Familien helfen. Sie unterstützen sie sowohl im sozialen als auch im gesundheitlichen Bereich und helfen bei finanziellen Problemen. Sie gehören keiner politischen Partei an und sind für alle da, egal welchen Glauben sie haben. So wirken sie z. B. bei der Migration mit, indem sie Personen in Flüchtlingsheimen betreuen, sie sich um Kleiderspenden kümmern und diese an Bedürftige verteilen. Sie helfen auch bei der Wohnungssuche.

Sie sind ebenfalls in der Jugendarbeit tätig und haben eigene Kitas oder Altenheime. Oft arbeiten sie auch in Bahnhofsmissionen und in Werkstätten für Menschen mit Behinderung. Sie unterstützen Einwanderer bei Behördengängen und versuchen, sie durch Anbieten von Seminaren und Deutschkursen zu integrieren.

Es gibt aber auch Migrantenverbände. Hier sind Menschen **ehrenamtlich** tätig, die aus anderen Ländern kommen und schon länger in Deutschland leben. Sie verstehen die Probleme der Migranten, sprechen manchmal auch deren Sprache und können daher gut helfen. Sie organisieren z. B. die Kinderbetreuung, einen Dolmetscher oder sorgen dafür, dass die Eltern und die Kinder sich gut eingliedern können.

Eine Übersicht über ein Angebot für Migranten gibt es beim Ausländeramt der Gemeinde. Dort sind auch Unternehmerverbände und Kulturvereine verzeichnet. Im Internet findet man unter: www.migration.paritaet.org/migrantenorganisationen/ eine interaktive Landkarte mit den Adressen vieler Migrantenvereine.

Die Bundesarbeitsgemeinschaft der freien Wohlfahrtspflege gliedert sich auf in:

- ➪ Diakonie (evangelische Trägerschaft),
- ➪ Caritas (katholische Trägerschaft),
- ➪ Deutsches Rotes Kreuz (auch Roter Halbmond, unparteilich, unabhängig),
- ➪ Arbeiter-Wohlfahrt (Teil der Arbeiterbewegung),
- ➪ Der Paritätische (Wohlfahrtsverband, sehr viele eigenständige Organisationen),
- ➪ ZWST (Zentralwohlfahrtsstelle der Juden in Deutschland e. V.).

die Wohlfahrt	verbessert Lebensumstände	welfare	الرفاهية
ehrenamtlich	freiwillige Arbeit ohne Bezahlung	voluntary	بشكل شرفي

27 Wohlfahrtsverbände

1. Wem helfen die Wohlfahrtsverbände?

___

2. In welchen Bereichen können sie unterstützen?

___

___

3. Füllen Sie den Text mit den folgenden Wörtern richtig aus:

egal, politischen Partei, Altenheime, Jugendarbeit, Kitas, Werkstätten, Bahnhofsmissionen

Sie gehören keiner ______ ______ an und sind für alle da, ______ welchen Glauben sie haben. Sie sind ebenfalls in der ______ tätig und haben eigene ______ oder ______. Oft arbeiten sie auch in ______ ______ und in ______ für Menschen mit Behinderung.

4. a) Wobei helfen sie Einwanderern?

___

b) Was bieten sie Einwanderern an, um sie zu integrieren?

___

5. a) Wer ist in Migrantenverbänden tätig?

___

___

b) Wie helfen diese Menschen den Migranten?

___

___

6. Wo gibt es eine Übersicht über Migrationsangebote?

___

28 Ansprechpartner bei Notfällen

In **Notfällen** muss man sofort handeln, z. B. muss bei einem Brand die **Feuerwehr** mit der Notrufnummer 112 angerufen werden. Hier sollte man langsam und deutlich folgende Angaben machen:

- seinen Namen nennen,
- den Ort, die Straße und die Hausnummer des Feuers nennen,
- die eigene Telefonnummer/Handynummer für Rückfragen angeben,
- sagen, ob Menschen in Gefahr sind.

Man muss an dem Ort des Brandes bleiben, bis die Feuerwehr gekommen ist.

Bei einem Unfall oder wenn man selbst Hilfe braucht, ruft man sofort die Notrufnummer 110 (**Polizei**) an. Dann muss man folgende Angaben machen:

Vier „*W*"-Merksätze sollte man sich unbedingt merken (wo, was, wie viele, wer/warten).

- den Unfallort nennen (***wo*** ist es passiert)
- die Situation beschreiben (***was*** ist passiert)
- die Anzahl der verletzten Personen angeben und wie schwer sie verletzt sind (***wie*** viele Personen sind am Unfall beteiligt)
- seinen Namen nennen (***wer*** ruft an und ***warten***)

In Notfällen ist sofort der Krankenwagen unter der Notrufnummer 112 anzurufen. Wenn die Polizei gesagt hat, dass sie dies tut, ist es nicht mehr nötig.

Bei einer akuten Erkrankung, z. B. ein Schlaganfall, Bewusstlosigkeit oder einem Herzinfarkt, muss sofort der **Rettungswagen** unter der Notrufnummer 112 gerufen werden. Hat man eine Erkrankung und kann noch selbst zum Krankenhaus kommen, ruft man keinen Krankenwagen, denn dann muss man die Fahrt dorthin selbst bezahlen.

der Notfall	Unfall, plötzliche Erkrankung, Bewusstlosigkeit	emergency	الطواريء
die Feuerwehr	löscht Brände, hilft bei Notfällen	fire brigade	المطافيء
die Polizei	hilft, wenn man bedroht wird, in Gefahr ist oder auch bei Unfällen	police	الشرطة
der Rettungswagen	Wagen mit Sirene, der Verletzte und Erkrankte schnell ins Krankenhaus bringt	ambulance	سيارة الإنقاذ

28 Ansprechpartner bei Notfällen

1. a) Wen muss man bei einem Brand anrufen?

   b) Schreiben Sie die Notrufnummer auf.

2. Nennen Sie die vier Angaben, die man bei einem Brand machen muss.

3. Welche Notrufnummer wählt man bei einem Unfall?

4. Welche vier „W“-Merksätze muss man bei einem Unfall sagen?

5. a) Wann muss man den Rettungswagen rufen?

   b) Welche Notrufnummer muss man wählen?

6. Wann sollte man keinen Krankenwagen rufen?

29 Ansprechpartner bei Konflikten und Problemen

Es gibt verschiedene Gründe, warum Menschen Unterstützung oder Hilfe benötigen, z. B. bei folgenden Problemen:

- **Alkohol- und Drogen:** Die betroffenen Personen können sich nicht alleine helfen. Sie müssen unbedingt **professionelle** Hilfe in Anspruch nehmen.
  Der erste Schritt ist der Gang zu einer Drogenberatungsstelle. Im Beratungsgespräch wird das weitere Vorgehen festgelegt. Z. B. kann dem Betroffenen zu einem Entzug geraten werden oder dass er an Treffen der Selbsthilfegruppen teilnimmt.

- **Häusliche Gewalt:** Oft üben Männer Gewalt im häuslichen Bereich aus. Dann finden Frauen in Frauenhäusern eine vorläufige Unterkunft. Wenn die Frauen Kinder haben, werden diese dorthin mitgenommen.

  Die Frauen, die in den Frauenhäusern tätig sind, beraten und unterstützen die um Hilfe bittenden Frauen und begleiten sie, wenn nötig, zur Polizei. Die betroffenen Frauen können aber auch 24 Stunden am Tag den Notruf 08000 116 016 anrufen. Frauen können aber auch bei finanziellen Problemen oder einem Neustart in einen Beruf hier beraten werden. Sie finden ebenfalls Unterstützung bei psychosozialen Problemen.

- **Schwangerschaft:** Ist eine Frau schwanger, steht sie oft vor großen Problemen. Sie befürchtet, dass sie zum Abbruch der Schwangerschaft gedrängt werden könnte oder sie alleine mit dem Baby nicht zurechtkommt und finanzielle Probleme zu erwarten sind.

  In all diesen Fällen hilft eine Schwangerschaftsberatung. Dort wird mit ihr über die Schwangerschaft und die Geburt gesprochen. Ihr werden Vorschläge über Hilfen im finanziellen Bereich gemacht und man spricht über die Möglichkeit eines Schwangerschaftsabbruchs.

- **Erziehungsfragen:** Wenn bei einem Kind schulische Probleme auftreten oder es sich sowohl in der Schule als auch zu Hause auffällig verhält, sprechen die Eltern zuerst mit dem Kind und dann mit der Lehrkraft. Tritt keine Veränderung des Verhaltens ein, müssen die Eltern mit ihrem Kind zu einem Psychologen gehen.

- **vor Gericht:** Manchmal sind die Probleme und Schwierigkeiten so groß, dass man ohne rechtliche Hilfe nicht zurechtkommt. Man kann mit einem Rechtsanwalt oder einem Rechtspfleger die Probleme besprechen. Diese kennen sich in solchen Fällen gut aus. Der Rechtsanwalt kostet Geld und diese Kosten können oft nicht bezahlt werden.
  Hat man vor dem Strafgericht keinen Verteidiger, so wird man von einem Pflichtverteidiger unterstützt, der weniger verdient als ein Rechtsanwalt und vom Staat bezahlt wird.
  Verdient man sehr wenig, so kann man für einen **Zivilprozess** Prozesskostenhilfe beantragen, die vom Staat finanziert wird. Möchte man nur eine rechtliche Beratung, geht man zu einem Rechtspfleger, den man im Amtsgericht findet.

professionell	fach- und sachkundig, sich auskennen	professional	محترف
der Zivilprozess	Gerichtsverfahren ohne Straftaten	civil proceedings	قضية مدنية

29 Ansprechpartner bei Konflikten und Problemen

1. **Was müssen alkohol- oder drogenkranke Menschen unbedingt in Anspruch nehmen?**

___

2. **a) Wohin sollten alkohol- oder drogenkranke Menschen gehen?**

___

b) Wozu kann den Betroffenen geraten werden?

___

3. **Wo können Frauen Schutz finden, wenn sie von Männern bedroht werden?**

___

4. **Welche Hilfen bekommen Frauen in Frauenhäusern?**

___

___

5. **Welche Notrufnummer können betroffene Frauen 24 Stunden am Tag anrufen?**

___

6. **Setzen Sie folgende Wörter richtig ein:**
Beruf, finanziellen Problemen, Neustart

Frauen können aber auch bei ___

beraten werden oder bei einem ___ in einen ___.

7. **Vor welchen Problemen kann eine schwangere Frau stehen?**

___

___

8. **An welche Beratungsstelle kann sich eine schwangere Frau wenden?**

___

9. **Was machen Eltern, wenn ihr Kind schulische Probleme hat.**

___

___

30 Zur Behörde gehen

Wenn man umzieht, muss man sein Auto ummelden und den Personalausweis ändern lassen. Dazu geht man ins **Rathaus**. Dort gibt es das Bürgerbüro bzw. die Stadtverwaltung. An einer Tafel am Eingang kann man lesen, zu welchem Zimmer man gehen muss. Im Warteraum ist ein Automat, an dem man eine Nummer ziehen muss. Wenn die gezogene Nummer an der Anzeigetafel erscheint, kann man in den entsprechenden Raum gehen.

Wenn man zu einer Behörde geht und die Deutschkenntnisse noch nicht so gut sind, hat man die Möglichkeit, dass ein **Dolmetscher** hilft. Dolmetscher findet man im Sprint-Netzwerk. Sie helfen im Umgang mit Behörden, bei Arztbesuchen, in Gesprächen mit Erzieherinnen und Erziehern und mit Lehrkräften. Sie sind bundesweit tätig. Weil die Nachfrage nach dieser Hilfe sehr groß ist, gibt es einen neuen Beruf in Deutschland. Es ist der Beruf des Sprach- und Integrationsmittlers.

Es ist auch möglich, von ehrenamtlich tätigen Personen Unterstützung zu bekommen. Sie begleiten die Menschen zur Agentur für Arbeit oder zum Rathaus sowie zu anderen Ämtern und helfen dabei, **Formulare** auszufüllen.

In Deutschland gibt es zahlreiche Ämter, wie z. B.:

- **das Wohnungsamt:** Man kann dort u. a. Wohnungsgeld beantragen und eine Sozialwohnung vermittelt bekommen.
- **das Arbeitsamt:** Man sollte sich dort als arbeitssuchend melden und kann einen Antrag auf Arbeitslosengeld oder Kindergeld stellen.
- **das Sozialamt/Jobcenter:** Dort kann man einen Antrag auf Hilfe zum Lebensunterhalt stellen.
- **die Elterngeldstelle:** Einen Hinweis auf diese Stelle gibt es im Internet unter: www.familien-wegweiser.de/wegweiser/Familie-regional/Elterngeld/elterngeld
- **das Amtsgericht:** Dort geht man hin, wenn z. B. ein Mahnverfahren gegen einen läuft, man Fragen zum Sozialrecht hat oder Prozesskostenhilfe beantragen will. Es findet auch eine Rechtsberatung für bedürftige Personen statt.

das Rathaus	Hauptverwaltung einer Gemeinde, Stadtverwaltung	town hall	مبنى البلدية
der Dolmetscher	Übersetzer	interpreter	المترجم الشفهي
das Formular	Fragebogen, wird meist von Ämtern ausgestellt	form	الاستمارة

30 Zur Behörde gehen

1. Was muss man nach einem Umzug erledigen?

2. Wie verhält man sich, wenn man zur Stadtverwaltung geht?

3. Welche Möglichkeit hat man, wenn man zu einer Behörde geht und die eigenen Deutschkenntnisse nicht so gut sind?

4. Wobei können Dolmetscher helfen?

5. Wo findet man einen Dolmetscher?

6. Welchen neuen Beruf gibt es in Deutschland wegen der hohen Nachfrage nach Dolmetschern?

7. Welche Aufgaben hat unter anderem das Wohnungsamt?

8. Wann sollte man zum Arbeitsamt gehen?

9. Wo kann man einen Antrag auf Hilfe zum Lebensunterhalt stellen?

10. Wo findet man einen Hinweis auf die Elterngeldstelle?

31 Grundgesetz

Das Grundgesetz gibt es seit 1949. Dort sind die Grundrechte aufgeschrieben. Wer in Deutschland lebt, muss sich an das Grundgesetz halten. Die Grundrechte werden in Bürgerrechte und Menschenrechte aufgeteilt.

Bürgerrechte: Das sind Rechte, die sich auf das Verhältnis von Staat und Bürgern beziehen. Zu den Bürgerrechten gehören z.B. das Recht der Freizügigkeit und das jemandem die Staatsbürgerschaft nicht entzogen werden kann.

Menschenrechte: Diese Rechte stehen jedem Menschen gleichermaßen zu. Sie wurden 1948 von den Vereinten Nationen (UN) festgelegt, um die Würde und Freiheit jedes Menschen universell zu schützen. In Deutschland sind sie im Grundgesetz verankert:

Artikel 1 GG

(1) Die **Würde** des Menschen ist unantastbar. Sie zu achten und zu schützen ist Verpflichtung aller staatlichen Gewalt.
(2) Das Deutsche Volk bekennt sich darum zu unverletzlichen und unveräußerlichen Menschenrechten als Grundlage jeder menschlichen Gemeinschaft, des Friedens und der Gerechtigkeit in der Welt.
(3) Die nachfolgenden Grundrechte binden Gesetzgebung, vollziehende Gewalt und Rechtsprechung als unmittelbar geltendes Recht.

Artikel 2 GG

(1) Jeder hat das Recht auf die freie Entfaltung seiner Persönlichkeit, soweit er nicht die Rechte anderer verletzt und nicht gegen die verfassungsmäßige Ordnung oder das Sittengesetz verstößt.
(3) Jeder hat das Recht auf Leben und körperliche **Unversehrtheit**. Die Freiheit der Person ist unverletzlich. In diese Rechte darf nur auf Grund eines Gesetzes eingegriffen werden.

Artikel 3 GG

(1) Alle Menschen sind vor dem Gesetz gleich.
(2) Männer und Frauen sind gleichberechtigt. Der Staat fördert die tatsächliche Durchsetzung der Gleichberechtigung von Frauen und Männern und wirkt auf die Beseitigung bestehender Nachteile hin.
(3) Niemand darf wegen seines Geschlechtes, seiner Abstammung, seiner Rasse, seiner Sprache, seiner Heimat und Herkunft, seines Glaubens, seiner religiösen oder politischen Anschauungen benachteiligt oder bevorzugt werden. Niemand darf wegen seiner Behinderung benachteiligt werden.

Artikel 4 GG

(1) Die Freiheit des Glaubens, des Gewissens und die Freiheit des religiösen und weltanschaulichen Bekenntnisses sind unverletzlich.
(2) Die ungestörte Religionsausübung wird gewährleistet.
(3) Niemand darf gegen sein Gewissen zum Kriegsdienst mit der Waffe gezwungen werden. Das Nähere regelt ein Bundesgesetz.

die Würde	Achtung, Ansehen	dignity	الكرامة
die Unversehrtheit	nicht verletzt sein, nicht beschädigt sein	integrity	السلامة

31 Grundgesetz

1. a) Seit wann gibt es das Grundgesetz der Bundesrepublik Deutschland?

____

b) Was ist dort aufgeschrieben?

____

c) Wer muss sich daran halten?

____

2. Die Grundrechte werden in Bürgerrechte und Menschenrechte aufgeteilt.

a) Worauf beziehen sich die Bürgerrechte?

____

b) Erklären Sie den Begriff „Menschenrechte“.

____

____

3. Setzen Sie folgende Wörter richtig ein:

Gewalt, Würde, achten, unantastbar

Die ______________ des Menschen ist ______________. Sie zu ______________ und zu schützen ist Verpflichtung aller staatlichen ______________.

4. Worauf müssen Sie bei der freien Entfaltung Ihrer Persönlichkeit achten?

____

____

5. Erklären Sie, was man tun muss, damit jeder das Recht auf Leben und körperliche Unversehrtheit hat.

____

____

6. Männer und Frauen sind vor dem Gesetz gleich. Was wird daher vom Staat gefördert?

____

7. Zählen Sie fünf Beispiele auf, wer nach Artikel 3 GG nicht benachteiligt werden darf.

____

____

8. Nennen Sie vier Rechte, die in Artikel 4 GG stehen.

____

____

32 Rechte von Kindern

Nicht nur Erwachsene haben Rechte, sondern auch Kinder entsprechend der Kinderrechtskonvention der Vereinten Nationen (UN).

Nicht in allen Ländern haben Kinder Rechte. In Deutschland wird zwischen Kindern, Jugendlichen (bis zum 18. Lebensjahr) und Erwachsenen (ab dem 18. Lebensjahr) unterschieden. Jungen und Mädchen haben dieselben Rechte und Möglichkeiten. Dies gilt auch für Behinderte, Kinder und Minderheiten. Alle sollen ihren Fähigkeiten entsprechend gefördert und unterstützt werden. Alle Kinder haben ein Recht auf Bildung und sind verpflichtet zur Schule zu gehen. Kindern ist es verboten, schwer körperlich zu arbeiten. Ab dem 15. Lebensjahr dürfen sie leichte Tätigkeiten ausüben.

Im Gesetz steht, welche Arbeiten ein Kind machen darf und wie alt es dazu mindestens sein muss. Die tägliche Arbeitszeit darf bei Jugendlichen nicht länger als acht Stunden sein und sie dürfen nur fünf Tage, aber höchstes 40 Stunden in der Woche arbeiten. Bei einer Arbeitszeit von vier bis sechs Stunden müssen insgesamt 30 Minuten Pause möglich sein, bei einer Arbeitszeit von sechs Stunden und mehr sind 60 Minuten Pause vorgesehen, dabei darf eine Pause nicht kürzer als 15 Minuten sein. Nach der Arbeit müssen sie eine ununterbrochene Freizeit von zwölf Stunden haben.

Jugendarbeitsschutzgesetz § 2 Kind, Jugendlicher

(1) Kind im Sinne dieses Gesetzes ist, wer noch nicht 15 Jahre alt ist.
(2) Jugendlicher im Sinne dieses Gesetzes ist, wer 15, aber noch nicht 18 Jahre alt ist.
(3) Auf Jugendliche, die der Vollzeitschulpflicht unterliegen, finden die für Kinder geltenden Vorschriften Anwendung.

Jugendarbeitsschutzgesetz § 31 Züchtigungsverbot, Verbot der Abgabe von Alkohol und Tabak

(1) Wer Jugendliche beschäftigt oder im Rahmen eines Rechtsverhältnisses im Sinne des § 1 beaufsichtigt, anweist oder ausbildet, darf sie nicht körperlich **züchtigen**.
(2) Wer Jugendliche beschäftigt, muss sie vor körperlicher Züchtigung und Misshandlung und vor sittlicher Gefährdung durch andere bei ihm Beschäftigte und durch Mitglieder seines Haushalts an der Arbeitsstätte und in seinem Haus schützen. Soweit deren Abgabe nach § 9 Absatz 1 oder § 10 Absatz 1 und 4 des Jugendschutzgesetzes verboten ist, darf der Arbeitgeber Jugendlichen keine alkoholischen Getränke, Tabakwaren oder andere dort genannten Erzeugnisse geben.

Kinder dürfen bei einer Entscheidung der Eltern ihre Meinung sagen. Sie dürfen nicht geschlagen werden oder andere Gewalt erfahren. Jedes Kind hat das Recht, sich nach dem Unterricht zu erholen. Es darf sich dann mit Freunden treffen, spielen oder Dinge tun, zu denen es Lust hat.

Staatliche Stellen sind dafür zuständig, dass die Rechte eingehalten werden. Dazu gehören ein Bundesministerium, Landesministerien und die Jugendämter der Kommunen. Außerdem kümmern sich zahlreiche Vereine und Verbände um die Rechte der Kinder, z. B. das Deutsche Kinderhilfswerk, Unicef und der Kinderschutzbund.

die Konvention	Übereinkunft, Zusammenkunft, Absprache	convention	الميثاق
züchtigen	Strafe durch Gewalt, Schläge	to chastise	العقّة

32 Rechte von Kindern

1. Was steht in der Kinderrechtskonvention der Vereinten Nationen?

2. a) Wie nennt man in Deutschland Kinder bis zum 18. Lebensjahr?

   b) Wie nennt man Kinder ab dem 18. Lebensjahr?

3. Wer hat in Deutschland dieselben Rechte und Möglichkeiten?

4. a) Welches Recht haben die Kinder?

   b) Wozu sind sie verpflichtet?

5. Welche Tätigkeiten dürfen Kinder ab dem 15. Lebensjahr ausüben?

6. Wo steht, welche Arbeiten Kinder in welchem Alter ausüben dürfen?

7. Wie lange darf die Wochenarbeitszeit bei Jugendlichen sein?

8. Wie lange muss die ununterbrochene Freizeit nach der Arbeit sein?

9. Was darf ein Kind nach dem Unterricht tun?

33 Gleichberechtigung von Frau und Mann

Im Grundgesetz steht, dass Frauen und Männer gleichberechtigt sind.

Gleichberechtigung heißt:

- ➪ Frauen bestimmen selbst, was sie tun. So entscheiden sie selbst, ob sie einen/eine Freund/Freundin haben möchten und wen sie dazu auswählen, ob sie heiraten und wen sie heiraten.
- ➪ Frauen entscheiden, ob und wann sie schwanger werden wollen.
- ➪ Frauen dürfen nicht von Ehemännern oder männlichen Verwandten unterdrückt werden.
- ➪ Sie entscheiden selbst, ob sie zur Arbeit gehen möchten und sie suchen sich ihre Arbeitsstelle selbst aus und wählen ihren Beruf frei.
- ➪ Sie entscheiden, ob sie studieren wollen oder nicht.
- ➪ Sie üben dieselben Berufe wie Männer aus.
- ➪ Sie machen in der Politik **Karriere**.
- ➪ Sie sind **Vorgesetzte**.
- ➪ Sie können sich von ihrem Ehemann trennen.
- ➪ Sie entscheiden frei über ihre Kleidung und Freizeitaktivitäten.

Mütter mit kleinen Kindern finden schwerer eine Arbeitsstelle als Väter. Sie sind seltener in Führungspositionen oder in handwerklichen Berufen tätig. Bei gleicher Arbeit verdienen Frauen oft weniger Geld als Männer. Sie müssen sehr viel bessere Leistungen erbringen, um als gleichwertig anerkannt zu werden.

Es gibt aber auch Berufe, die fast nur von Frauen ausgeübt werden. Hierzu gehören z.B. spezielle Arbeiten in der Mikroelektronik oder Feinoptik oder etwa der Beruf der Hebamme. Für die höchsten Positionen in den Aufsichtsräten großer Firmen hat der Gesetzgeber einen Mindestanteil für Frauen vorgeschrieben.

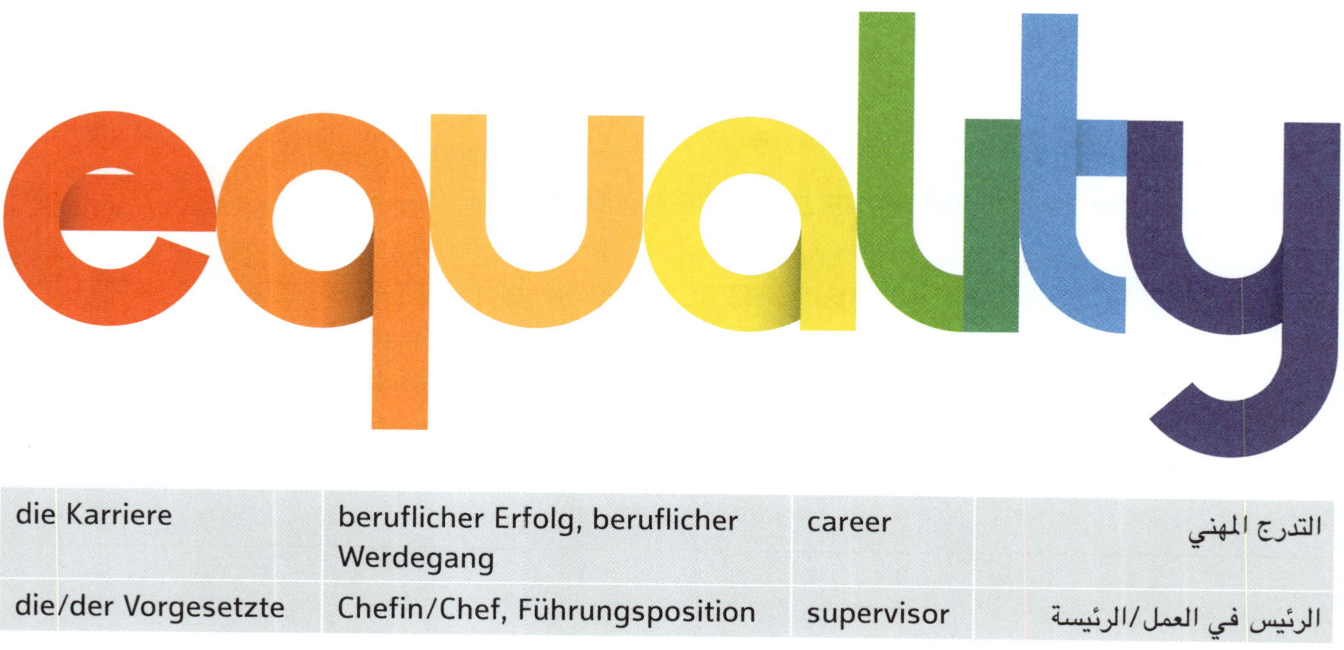

die Karriere	beruflicher Erfolg, beruflicher Werdegang	career	التدرج المهني
die/der Vorgesetzte	Chefin/Chef, Führungsposition	supervisor	الرئيس في العمل/الرئيسة

33 Gleichberechtigung von Frau und Mann

1. Wo steht, dass Frauen und Männer gleichberechtigt sind?

____

____

2. Setzen sie folgende Wörter richtig in den Text ein:
Freund/Freundin, unterdrückt, Kleidung, bestimmen, auswählen, entscheiden, heiraten

Frauen ______________ selbst, was sie tun. So ______________ sie selbst, ob sie einen/eine______________ haben möchten, wen Sie dazu ______________, ob sie ______________ und wen sie heiraten. Frauen entscheiden, ob und wann sie schwanger werden. Frauen dürfen nicht von Ehemännern oder männlichen Verwandten ______________ werden. Sie entscheiden frei über Ihre ______________ und Freizeitaktivitäten.

3. Nennen Sie drei weitere Beispiele, was Frauen frei entscheiden dürfen.

____

____

____

4. Warum finden Mütter schwerer eine Arbeitsstelle?

____

____

5. In welchen Berufen findet man selten Frauen?

____

____

6. Setzen Sie die folgenden Wörter richtig ein:
Geld, Leistungen, gleicher, anerkannt, Frauen

Bei ______________ Arbeit verdienen ______________ oft weniger ______________ als Männer. Sie müssen sehr viel bessere ______________ erbringen, um als gleichwertig ______________ zu werden.

34 Religionsfreiheit und Meinungsfreiheit

Im Grundgesetz ist die Glaubensfreiheit festgelegt. Jeder kann frei wählen, welche Glaubensrichtung er haben möchte oder ob er gar einer Religion angehören will. Die Religionsrichtung nennt man auch Konfession. Es gibt in Deutschland verschiedene Glaubensrichtungen, z. B:

- die katholische,
- die freikirchliche,
- die evangelische,
- die islamische ...
- die griechisch-orthodoxe,

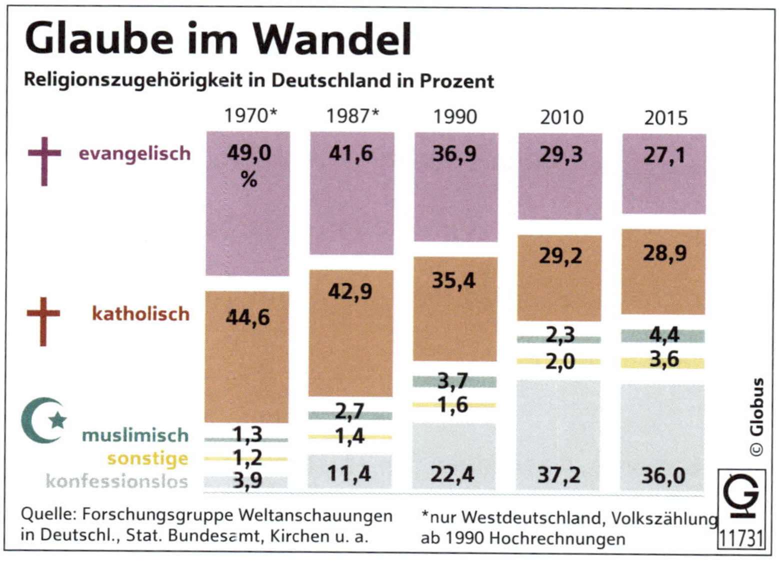

Zu den Religionsgemeinschaften gehören auch das Judentum, der Hinduismus und der Buddhismus. Viele Religionen haben ihre eigenen Gotteshäuser. Das sind z.B. Kirchen, Moscheen, Tempel, Synagogen. Bei der Vielzahl der Menschen mit oder ohne Religionszugehörigkeit ist es wichtig, dass jeder den anderen respektiert und achtet. Staat und Kirche sind in Deutschland getrennt. Dennoch äußert sich die Kirche zu staatlichen Themen. Außerdem zieht der Staat die **Kirchensteuer** ein. Dies stößt auf viel Kritik.

Artikel 4 GG

(1) Die Freiheit des Glaubens, des Gewissens und die Freiheit des religiösen und weltanschaulichen Bekenntnisses sind unverletzlich.

(2) Die ungestörte Religionsausübung wird gewährleistet.

(3) Niemand darf gegen sein Gewissen zum Kriegsdienst mit der Waffe gezwungen werden. Das Nähere regelt ein Bundesgesetz.

Ebenfalls steht im Grundgesetz, dass in Deutschland die Meinungsfreiheit gilt. Jeder kann seine Meinung frei äußern, ohne dass er bestraft wird. Jeder hat das Recht, sich zu informieren, z. B. durch verschiedene Medien. Dazu gehören u.a. Zeitungen, Radio, Fernsehen, Internet.

Die Medien berichten unabhängig von politischen Einflüssen, werden also nicht vom Staat kontrolliert. Es herrscht **Pressefreiheit**.

die Kirchensteuer	steuerliche Abgabe, die jedes Mitglied der christlichen Kirche in Deutschland zahlen muss	church tax	ضريبة الكنيسة
die Pressefreiheit	Medien dürfen unabhängig vom Staat berichten	freedom of the press	حرية الصحافة

34 Religionsfreiheit und Meinungsfreiheit

1. **Wo ist die Glaubensfreiheit festgelegt?**

___

2. **Schreiben Sie ein anderes Wort für Glaubensrichtung auf.**

___

3. **Zählen Sie vier verschiedene Glaubensrichtungen auf.**

___

___

4. **Nennen Sie vier Religionsgemeinschaften.**

___

___

5. **Viele Religionen haben ihre eigenen Gotteshäuser. Schreiben Sie fünf davon auf.**

___

___

6. **Wer zieht die Kirchensteuer ein?**

___

7. **In welchem Gesetz steht, dass in Deutschland die Meinungsfreiheit gilt?**

___

8. **Erklären Sie das Wort „Meinungsfreiheit".**

___

9. **Nennen Sie drei Medien, durch die man sich informieren kann.**

___

10. **Setzen Sie folgende Wörter richtig ein:**
    Staat, unabhängig, Pressefreiheit, politischen

    Die Medien berichten ________________ von ________________ Einflüssen, werden also nicht vom ________________ kontrolliert. Es herrscht ________________.

35 Geschäftsfähigkeit und Verträge

Es gibt drei Stufen der Geschäftsfähigkeit:

- Geschäftsunfähigkeit,
- beschränkte Geschäftsfähigkeit,
- volle Geschäftsfähigkeit.

Nicht alle Verträge sind gültig. So können geschäftsunfähige Personen, also Kinder unter sieben Jahren oder Personen, die z.B durch eine dauerhafte psychische Störung eine **rechtliche Betreuung** benötigen, keinen Vertrag abschließen.

Passiert dies dennoch, kann man den Vertrag ungültig machen, d. h. die Erziehungsberechtigten oder der Betreuer können darauf bestehen, dass der Verkäufer die gekaufte Ware zurücknimmt und den Kaufpreis auszahlt. Kinder und Jugendliche zwischen 7 und 18 Jahren sind beschränkt geschäftsfähig. Wenn sie Verträge abschließen, müssen die Erziehungsberechtigten dazu ihre Einwilligung geben.
Es gibt aber auch den Taschengeldparagrafen. Darin steht, dass Kinder und Jugendliche über ihr **Taschengeld** frei verfügen dürfen, d. h. sie können sich ohne das Einverständnis der Erziehungsberechtigten dafür kaufen, was sie möchten.

Ab dem 18. Lebensjahr ist man volljährig, somit voll geschäftsfähig. Wenn diese Person Verträge unterschreibt, sind sie gültig mit allen Rechten und Pflichten.
Unter geschäftsfähig versteht man, dass man Verträge abschließen darf. Ein Vertrag ist eine Vereinbarung zwischen mindestens zwei Personen und regelt die Rechte und Pflichten von denen, die den Vertrag unterschrieben haben. Der häufigste Vertrag, der abgeschlossen wird, ist der Kaufvertrag. Dabei verpflichtet sich der Verkäufer, die Ware herauszugeben und der Käufer, die Ware anzunehmen und zu bezahlen. Ein Kaufvertrag kann aber ungültig sein, wenn festgestellt wird, dass der Kaufpreis viel zu hoch ist.

Bei Verträgen, die man telefonisch, an der Haustür oder im Internet abgeschlossen hat, gibt es ein Widerrufsrecht. Das bedeutet, dass man innerhalb von 14 Tagen von dem Vertrag zurücktreten kann. Ist man mit einem abgeschlossenen Vertrag nicht einverstanden, kann man ihn innerhalb von 14 Tagen widerrufen. Dies muss man aber schriftlich machen. Damit wird der Vertrag ungültig.

Es gibt aber noch andere Verträge, z. B. den Mietvertrag, den Arbeitsvertrag und den Versicherungsvertrag. Wenn man einen Vertrag unterschreibt, muss man sich die Zeit nehmen, um das Kleingedruckte gut durchzulesen. Dort stehen weitere Bedingungen zum Vertrag. Bevor man einen Vertrag unterschreibt, sollte man ihn bis zum Schluss durchgelesen und verstanden haben.
Verträge werden oft in einem schwierigen Deutsch formuliert, daher kann es evtl. wichtig sein, eine Person mitzunehmen, die die deutsche Sprache gut beherrscht.
Ein schriftlicher Kaufvertrag muss als Mindestangaben enthalten, um welche Ware es sich handelt, wie viel von der Ware bestellt wurde, wie hoch der Preis ist, bis wann die Ware geliefert wird und wann sie bezahlt werden muss sowie zu welchem Gerichtsort und zu welchem Gericht man gehen muss, falls es zu Streitigkeiten kommt.

die rechtliche Betreuung	Rechtshandlungen stellvertretend im Namen des Betreuten	legal support	الرعاية القانونية
das Taschengeld	Geld, das Kinder und Jugendliche von ihren Eltern bekommen	pocket money	مصروف الجيب

35 Geschäftsfähigkeit und Verträge

1. **Was versteht man unter Geschäftsfähigkeit?**

2. **Was regelt ein Vertrag?**

3. **Wozu verpflichten sich Verkäufer und Käufer bei einem Kaufvertrag?**

4. **Zählen Sie drei weitere Verträge auf.**

5. **Wer darf keinen Vertrag abschließen?**

6. **Wer ist beschränkt geschäftsfähig?**

7. **Was steht im Taschengeldparagrafen?**

8. **Ab welchem Lebensjahr ist man voll geschäftsfähig?**

9. **Nennen Sie die drei Stufen der Geschäftsfähigkeit.**

10. **Wen sollte man mitnehmen, wenn man einen Vertrag unterschreiben will?**

36 Strafmündigkeit

Mit der Volljährigkeit (18. Lebensjahr) ist man strafmündig, d. h. man ist selbst für sein Handeln verantwortlich, auch bei Straftaten. Straftaten sind z. B. Raub, Körperverletzung, Diebstahl, Betrug, **Trunkenheit** am Steuer, **Erpressung**.

Jugendliche zwischen dem 14. und 18. Lebensjahr sind zum Teil strafmündig, denn sie sind dann schon in der Lage, ihre Straftat einzusehen. Sie werden von einem Jugendgericht verurteilt, denn bei ihnen wird noch das Jugendstrafrecht angewandt.

Kinder unter 14 Jahren sind dagegen strafunmündig. Sie müssen nicht vor dem Gericht erscheinen.

Es ist aber möglich, dass das Jugendamt für sie eine Strafakte anlegt, in der ihre Straftaten stehen.

Man kann aber auch vor einem **Zivilgericht** verklagt und womöglich verurteilt werden, z. B. wegen nicht bezahlter Schulden oder weil man einen Schaden angerichtet hat.

Jugendliche müssen je nach Schwere der Tat

- versuchen, den angerichteten Schaden wieder gut zu machen,
- einen bestimmten Betrag an eine gemeinnützige Einrichtung oder an die Gerichtskasse zahlen,
- Sozialstunden leisten, d. h. sie müssen die ihnen auferlegten Stunden in einem Heim oder in öffentlichen Einrichtungen ableisten oder
- für eine gewisse Zeit in ein Jugendgefängnis. Sie haben aber dennoch die Möglichkeit, in die Schule zu gehen oder in einem Ausbildungsbetrieb ihre Ausbildung weiter zu machen.

Auch einige Erwachsene unter 21 Jahren können noch nach dem Jugendstrafrecht verurteilt werden. Dies hängt von ihrer sittlichen und geistigen Entwicklung („Reife“) und der Art der Straftat ab.

Das Strafmaß für Jugendliche und Erwachsene ist unterschiedlich, es ist aber auch möglich, dass Jugendliche Gefängnisstrafen bekommen. Das hängt von der Schwere der Tat ab.

die Trunkenheit	Alkoholrausch	drunkenness	السُكر
die Erpressung	Druck ausüben, um andere zu etwas zu zwingen	blackmailing	الابتزاز
das Zivilgericht	für bürgerliche Rechtsstreitigkeiten verantwortliches Gericht	civil court	المحكمة المدنية

36 Strafmündigkeit

1. a) Ab welchem Lebensjahr ist man strafmündig?

   b) Was bedeutet dies?

2. a) Wann sind Jugendliche zum Teil strafmündig?

   b) Warum sind sie zum Teil strafmündig?

3. a) Bis zu welchem Lebensjahr sind Kinder strafunmündig?

   b) Was passiert mit diesen Kindern, wenn sie eine Straftat begangen haben?

4. Was passiert mit Jugendlichen, wenn sie eine Straftat begangen haben? Nennen Sie vier Beispiele.

5. Wovon hängt es ab, ob auch einige Erwachsene noch nach dem Jugendstrafrecht verurteilt werden?

6. Jugendliche können auch Gefängnisstrafen bekommen. Wonach richtet sich das Urteil?

37 Öffentliche Ordnung

Es gibt gewisse Regeln, wie man sich in der Öffentlichkeit zu verhalten hat, um das Miteinander vieler Leute zu regeln.

Dazu gehören z. B.

- ein respektvoller und höflicher Umgang miteinander,
- Personen nicht zu beleidigen, anzurempeln, anzupöbeln,
- keine anderen Leute zu beschimpfen,
- keine Verschmutzungen in Bussen und Bahnen zu verursachen,
- keinen Müll oder Zigarettenkippen auf den Gehweg zu werfen oder auf dem Gehweg oder im Park zu urinieren,
- abends oder in der Nacht draußen nicht zu lärmen,
- nicht die Totenruhe auf den Friedhöfen zu stören.

Wer gegen diese Regeln verstößt, begeht eine **Ordnungswidrigkeit**, wird dadurch aber nicht kriminell. Es gibt daher keine Strafe, sondern ein **Bußgeld**, eine **Ermahnung** oder eine Verwarnung.

Besonders wichtig ist das richtige Verhalten im Straßenverkehr. Man darf weder die Sicherheit gefährden noch andere Verkehrsteilnehmer behindern.

Daher ist das Parken z.B. auf Radwegen oder in zweiter Reihe ebenso verboten wie vor Grundstücksausfahrten. Wenig bekannt ist das Verbot, auf Hydranten zu parken, denn hier kann die Feuerwehr an Löschwasser kommen.

die Ordnungswidrigkeit	geringfügige Verletzung der Rechtsregeln	misdemeanour	مخالفة النظام
das Bußgeld	Geldstrafe bei einer Ordnungswidrigkeit	fine	الغرامة النظامية
die Ermahnung	Äußerung über Fehlverhalten	reprimand	التحذير

37 Öffentliche Ordnung

1. Füllen Sie den Text mit den folgenden Worten richtig aus:
Öffentlichkeit, Miteinander, Regeln, gewisse

Es gibt ________________ ________________, wie man sich in der ________________ zu verhalten hat, um das ________________ vieler Leute zu regeln.

2. Jeder sollte andere Personen respektieren.

a) Erklären Sie diese Aussage.

____

b) Was darf man nicht tun? Zählen Sie fünf Beispiele auf.

____

____

3. Wie sollte man sich in öffentlichen Verkehrsmitteln verhalten?

____

____

4. Was macht man mit leeren Verpackungen oder Bechern?

____

5. Wenn man urinieren muss:

a) Wo geht man hin?

____

b) Was darf man auf keinen Fall tun?

____

6. a) Wie verhält man sich, wenn man am späten Abend oder nachts draußen ist?

____

b) Begründen Sie Ihre Antwort.

____

____

38 Steuern

Steuern sind Abgaben an den Staat. Mit diesem Geld werden öffentliche Gebäude, z. B. Schulen, Kitas, Krankenhäuser, Museen, Theater finanziert. Geld erhalten auch soziale Einrichtungen und es wird zum Straßenbau verwendet. Fast jeder, der Geld verdient, muss Steuern zahlen. Es gibt die Lohn- und Einkommensteuer. Der Betrag, der monatlich abgezogen wird, hängt vom **Verdienst** ab. Das Finanzamt berechnet die Steuern und verwaltet sie.

Am Jahresende hat man die Möglichkeit, beim Finanzamt eine Steuererklärung abzugeben. Dabei können z. B. Fahrtkosten zur Arbeit (mit Bus, Bahn, Auto), Kosten für Weiterbildung oder Kosten für einige Versicherungen angegeben werden. Die Formulare für die Steuererklärung erhält man im Rathaus oder füllt sie online aus. Jeder, der arbeitet, hat eine Steuernummer, die er auf der Steuererklärung angeben muss. Außer der Steuernummer gibt es noch die Identifikationsnummer. Diese Nummer erhält jeder bei seiner Geburt.

Einkommensteuer zahlen die Personen, die selbstständig oder Beamte sind. Selbstständige sind z. B. die Personen, die einen eigenen Friseursalon haben oder z. B. Ärzte, Rechtsanwälte usw.

Lohnsteuer müssen alle Personen zahlen, die arbeiten. Verdient man viel Geld, ist die Lohnsteuer hoch, verdient man weniger Geld, ist sie niedriger. Bei sehr geringem Verdienst zahlt man keine Lohnsteuer.

Die Lohnsteuer wird vom Arbeitgeber vom Verdienst abgezogen. Es werden vom Verdienst dann auch noch die Beiträge zur **Sozialversicherung** und evtl. Kirchensteuer abgezogen. Was man ausgezahlt bekommt, ist der Nettolohn (nach Abzügen). Der Verdienst insgesamt heißt Bruttolohn. Es gibt noch eine andere Steuer, die Mehrwertsteuer. Man zahlt bei jedem Einkauf oder bei jeder Dienstleistung gleich die Mehrwertsteuer mit. Die Geschäfte geben diese Steuer, die durch den Verkauf der Waren eingenommen wird, an das Finanzamt als Umsatzsteuer ab.

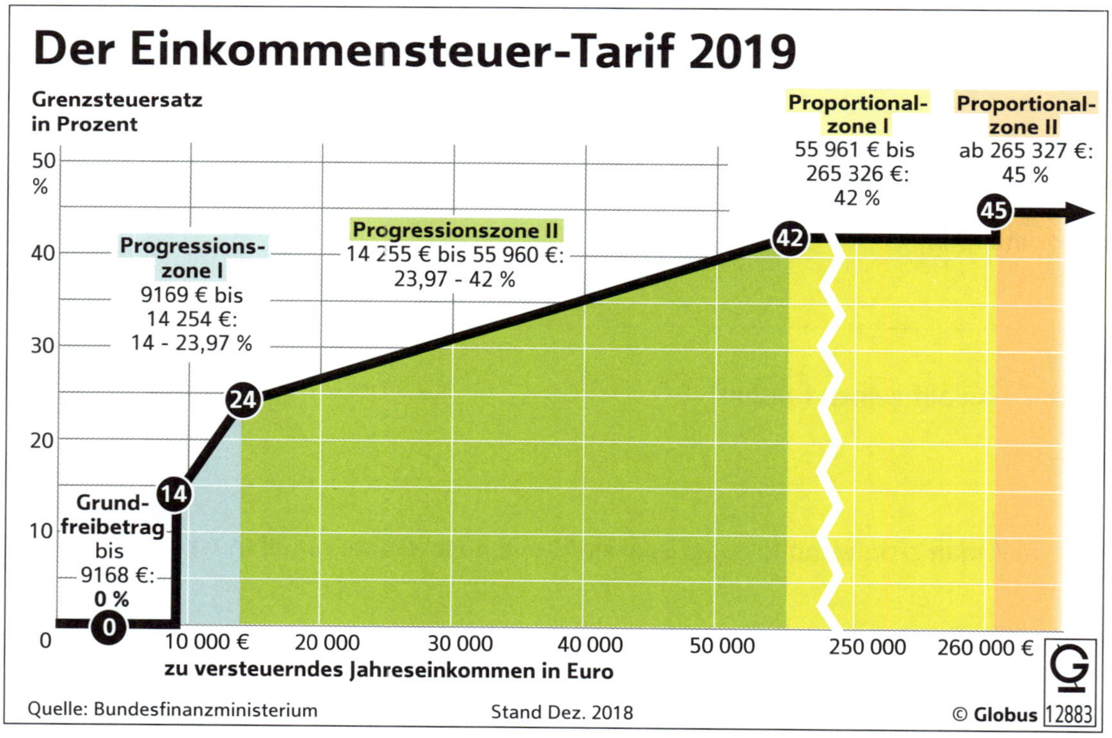

der Verdienst	Gehalt/Lohn	remuneration	الدخل
die Sozialversicherung	Kranken-, Pflege- und Rentenversicherung	social security	التأمين الاجتماعي

38 Steuern

1. Erklären Sie den Begriff „Steuern".

2. Was wird mit diesem Geld finanziert?

3. Welche beiden Arten von Steuern gibt es?

4. Wer berechnet und verwaltet die Steuern?

5. Was kann man am Jahresende beim Finanzamt abgeben?

6. Wo erhält man die Formulare für die Steuererklärung?

7. Wer zahlt Einkommensteuer?

8. Wer zahlt Lohnsteuer?

9. Was wird außer der Lohnsteuer noch vom Verdienst abgezogen?

10. a) Wie nennt man den Verdienst insgesamt?

    b) Wie heißt der Verdienst nach Abzügen?

Bildquellenverzeichnis

Bundesinstitut für Berufsbildung (BIBB), Bonn: S. 46_1

Picture-Alliance GmbH, Frankfurt: S. 12_2, 80_1

stock.adobe.com, Dublin: S. 6_1 (contrastwerkstatt), 8_1 (nenetus), 8_2 (peterschreiber.media), 10_1 (puhhha), 10_2 (chalabala), 10_3 (Syda Productions), 12_1 (ra2 studio), 14_1 (Eisenhans), 14_2 (thodonal), 16_1 (Pavel Losevsky), 16_2 (Christophe Fouquin), 18_1 (mochisu), 20_1 (Stefan Yang), 20_2 (grzejnik1981), 22_1 (vladstar), 22_2 (ikostudio), 24_1 (juefraphoto), 24_2 (Gerhard Seybert), 24_3 (sonyakamoz), 26_1 (BillionPhotos.com), 26_2 (georgerudy), 28_1 (Czanner), 28_2 (Parilov), 28_3 (olalalala), 30_1 (magann), 30_2 (matimix), 32_1 (irairopa), 32_2 (Zsolt Biczó), 34_1 (Gajus), 34_2 (ksfotodesign), 36_1 (Robert Kneschke), 36_2 (oksix), 40_1 (kebox), 40_2 (Sinuswelle), 42_1 (nito), 42_2 (kebox), 44_1 (cl_stock), 44_2 (A_Bruno), 48_1 (alisseja), 48_2 (Waler), 48_3 (by-studio), 48_4 (guukaa), 48_5 (AK-DigiArt), 50_1 (kommstu), 50_2 (Yuri Bizgaimer), 52_1 (Stockfotos-MG), 52_2 (goodluz), 52_3 (Julien Eichinger), 54_1 (caftor), 54_2 (kamasigns), 56_1 (stadtratte), 56_2 (magele-picture), 58_1 (mangostock), 58_2 (WoGi), 60_1 (M.Dörr & M.Frommherz), 60_2 (sdecoret), 62_1 (Antonioguillem), 62_2 (Thomas Reimer), 64_1 (Monet), 64_2 (Binder Medienagentur), 66_1 (marilynv), 66_2 (PICHA), 66_3 (Paul), 68_1 (Paul), 68_2 (Fotos 593), 70_1 (Fotos 593), 70_2 (fizkes), 70_3 (Web Buttons Inc), 72_2 (laufer), 74_1 (makibestphoto), 74_2 (BillionPhotos.com), 76_1 (fotokitas), 76_2 (denissimonov), 78_1 (Andreas Gruhl), 78_2 (ehrenberg-bilder), 78_3 (SyB)